河南省软科学研究计划项目（182400410054）

行为供应链博弈模型及其复杂性研究

李秋香◎著

Study on Complexity of Game Models Based on Behavior Supply Chain

·北 京·

图书在版编目（CIP）数据

行为供应链博弈模型及其复杂性研究/李秋香著.
—北京：中国经济出版社，2018.7（2024.1 重印）
ISBN 978-7-5136-5152-3

Ⅰ.①行… Ⅱ.①李… Ⅲ.①供应链—研究 Ⅳ.①F274

中国版本图书馆 CIP 数据核字（2018）第 062963 号

组稿编辑 崔姜薇
责任编辑 夏军城
责任印制 马小宾
封面设计 任燕飞

出版发行 中国经济出版社
印 刷 者 大连图腾彩色印刷有限公司
经 销 者 各地新华书店
开 本 710mm×1000mm 1/16
印 张 13.5
字 数 200 千字
版 次 2018 年 7 月第 1 版
印 次 2024 年 1 月第 2 次
定 价 68.00 元
广告经营许可证 京西工商广字第 8179 号

中国经济出版社 网址 www.economyph.com 社址 北京市东城区安定门外大街 58 号 邮编 100011
本版图书如存在印装质量问题，请与本社销售中心联系调换（联系电话：010-57512564）

序言 Preface

供应链全球化、顾客需求的日益多样化和市场环境日益复杂使得供应链内、外部竞争日趋激烈，市场不确定性因素越来越多。如原材料供应不及时、产品的生命周期急剧缩短、顾客需求的个性化和多样化等。这些不确定因素都给企业决策带来不确定性和风险。然而，传统的供应链模型大多是在风险中性的假设下进行研究，而现实的供应链通常表现为风险规避行为。研究供应链中决策主体在风险规避行为的影响下如何进行决策从而使供应链在有序的市场环境下竞争更具有现实意义。因此，考虑决策者或顾客具有风险规避行为对供应链动态竞争博弈进行深入的研究，有助于提高供应链管理效益，进而帮助企业制定更有针对性决策，有助于企业健康、持续发展。

本书借鉴了国内外相关学者的研究，构建了一类行为供应链博弈模型，并运用非线性理论和动态经济学理论对博弈模型的动态演化过程进行了研究。本书主要研究内容以及创新性结论如下：

1. 研究由三个风险规避行为的零售商组成的两级供应链，三个零售商向顾客销售三种具有替代性产品，其竞争规则符合古诺产量竞争模型。零售商是有限理性的，不能完全掌握市场的信息。基于有限理性假设，构建风险规避型供应链在离散决策和团队决策下的产量竞争动态博弈模型，证明了模型纳什均衡点的存在性，研究了参数变化对系统稳定性的影响；用产量分岔图、奇异吸引子、最大 Lyapunov 指数、功率谱、初值敏感性等研究了零售商在产量竞争中所表现的复杂动力学特征。将零售商的利润作为指标，分析了系统的不同状态对零售商运行性能的影响。研究得出参数使零售商的产量演化过程失稳，甚至陷入混沌状态。例如，需求方差的增加会使系统更快地进入不稳定状态，而零售商的风险规避行为对系统稳定性的影响较小。

2. 构建了由两个制造商、一个零售商和顾客所组成的供应链 Bertrand Stackelberg 混合定价博弈模型。面对顾客需求的不确定性，两个供应商和零售商都具有风险规避行为。制造商和零售商遵循以下策略：两个制造商之间是 Bertrand 博弈，制造商和零售商之间是 Stackelberg 博弈，制造商是领导者。在这种博弈策略下，制造商和零售商分别做决策使各自利润最大化。运用非线性理论对 Bertrand Stackelberg 混合定价博弈模型进行了研究。研究发现，领导者的风险规避行为和顾客需求的不确定性影响系统的稳定性，而零售商风险规避行为对系统的稳定性没有影响。将利润作为指标，分析了混沌现象对市场运行性能的影响，参数调整控制法能很好地控制系统的混沌行为。

3. 基于 Hotelling 模型，考虑传统销售和概率销售两种销售渠道，建立了一个由两个制造商和一个零售商组成的 Stackelberg 博弈模型，该模型考虑了顾客的异质性和顾客对概率产品的风险态度。通过对模型进行稳定性分析，得到模型纳什均衡点的稳定域范围。研究发现，价格调整参数的变化对系统的稳定有很大影响，顾客的风险态度和价格折扣对系统的稳定域产生影响；随着产品成为概率产品的概率增加，该产品的价格调整速度的稳定域增加，竞争产品的价格调整速度的稳定域减弱。最后用非线性反馈控制方法，对系统的混沌行为进行有效控制。发现这种方法能很好地控制系统的混沌现象，使系统恢复到企业利润稳定增长的稳定状态。

4. 将广告投资引入供应链渠道竞争中，研究了风险规避型双渠道供应链中制造商和零售商进行广告投入博弈模型的复杂性。通过二维分岔图、对初值的敏感性、混沌吸引子和功率谱等研究了参数对系统稳定性的影响。应用延迟反馈控制方法对系统的混沌行为进行控制（也可采取降低产品替代率和控制产品价格调整速度），发现这种方法能很好地控制系统的混沌现象，使系统恢复到使企业利润稳定增长的稳定状态。

5. 研究由两个外部供应商和两个零售商组成的切换供应链系统，供应链系统定期检查库存，顾客需求依赖两个零售商的库存水平。两个零售商采用广义订购政策向两个外部的供应商订货。每个外部供应商有足够的库存来满足零售商的订货需求。考虑两个零售商均等的市场结构，子系统之间的切换取决于需求预测和库存水平。供应链系统可以在六种情境下进行切换，为此本章构建了六种情境模型。运用解析解的方法，分析了六种情境模型的稳定性，并通过数值模拟分析了供应链系统的演化过程；运用二维分岔图模拟了参数变化对系统稳定域的影响。研究发现需求依赖库存下的零售商之间的竞争使线性系统的动态演化过程变得简单。

本书具有重要的理论意义和实践意义。理论意义表现在：随着大量不确定因素的增加，决策者会规避不确定因素带来的风险。在此背景下建立供应链的竞争博弈模型，以获得更大的利润和市场占有率。理论上来说，将管理学、经济学和非线性动力学理论应用到决策者具有风险规避行为的供应链现实经济问题中，研究变量长期博弈的演化行为，有利于从多个视角了解风险规避型供应链运行机理，体现了交叉学科相互渗透、相互影响的研究特点。供应链是一个复杂的自组织系统，外在环境对供应链稳定性的影响非常明显。根据现实竞争模型建立了风险规避型供应链的非线性离散动态博弈模型，研究了行为因素对供应链复杂性的影响，弥补了以往研究的不足，具有一定理论意义。实践意义表现在：企业所处的外部环境非常复杂，受到多种因素的影响，如原材料供应不及时、产品的生命周期急剧缩短、顾客需求的个性化和多样化等，这些不确定因素会给企业决策带来不确定性和风险。因此，研究供应链中决策主体在风险规避行为的影响下如何进行决策而使供应链在有序的市场环境下竞争具有现实意义。故考虑决策者具有风险规避行为的情况下对供应链动态竞争博弈进行深入的研究，有助于提高供应链管理效益，进而帮助企业制定更有针对性决策，有助于企业健康、持续发展。

C 目录 ontents

第1章 绪论 …… 001

1.1 研究背景与研究意义 …… 003

1.1.1 研究背景 …… 003

1.1.2 研究意义 …… 004

1.2 相关研究综述 …… 005

1.2.1 混沌理论在博弈领域中的研究综述 …… 005

1.2.2 混沌理论在经济系统的应用研究综述 …… 007

1.2.3 混沌理论在供应链领域的应用研究综述 …… 009

1.2.4 基于决策者风险偏好的供应链研究现状 …… 010

1.3 已有研究成果的贡献与不足 …… 011

1.3.1 已有成果的主要贡献 …… 011

1.3.2 已有成果的不足之处 …… 012

1.4 研究内容及创新点 …… 013

1.4.1 主要研究内容 …… 013

1.4.2 本书的创新点 …… 015

第2章 相关研究理论基础 …… 019

2.1 混沌理论 …… 021

2.1.1 动力系统的基础理论 …… 021

2.1.2 混沌动力学基础理论 …… 025

2.1.3 系统稳定性判据…… 029
2.1.4 经济系统混沌控制方法介绍…… 032
2.2 博弈理论 …… 035
2.2.1 基本理论…… 035
2.2.2 经典的博弈模型…… 040
2.3 概率销售 …… 045
2.3.1 概率产品…… 045
2.3.2 概率销售…… 045
2.3.3 经销商行为…… 045
2.3.4 消费者行为…… 046
2.3.5 最优策略…… 046
2.4 本章小结 …… 046

第3章 风险规避型供应链产量博弈模型的复杂性研究…… 047

3.1 问题描述与模型构建 …… 049
3.1.1 模型假设…… 050
3.1.2 符号说明…… 050
3.1.3 模型构建…… 050
3.2 离散决策下产量博弈模型的复杂性分析 …… 051
3.2.1 市场的均衡点及局部稳定性分析…… 052
3.2.2 产量调整速度对系统行为的影响…… 055
3.2.3 产量调整速度对零售商利润的影响…… 058
3.2.4 不确定需求和风险态度对系统行为的影响…… 060
3.3 团队决策下产量博弈模型及其复杂性分析 …… 064
3.3.1 均衡点分析…… 065
3.3.2 纳什均衡点的局部稳定性分析…… 065
3.3.3 调整参数对系统稳定性的影响…… 067
3.4 混沌控制 …… 069
3.5 本章小结 …… 072

第 4 章 风险规避型供应链价格博弈模型及其混沌控制 ········ 073
4.1 问题描述与模型构建 ········ 075
4.1.1 模型假设 ········ 076
4.1.2 符号说明 ········ 076
4.1.3 动态价格博弈模型 ········ 077
4.2 均衡点的稳定性分析 ········ 079
4.3 数值仿真 ········ 081
4.3.1 价格调整速度对系统稳定性的影响 ········ 081
4.3.2 需求不稳定对系统稳定性的影响 ········ 087
4.3.3 风险规避行为对系统稳定性的影响 ········ 088
4.3.4 价格调整参数对系统利润的影响 ········ 090
4.4 混沌控制 ········ 094
4.5 本章小结与现实启示 ········ 096
4.5.1 本章小结 ········ 096
4.5.2 现实启示 ········ 096

第 5 章 考虑概率销售的供应链定价博弈模型的复杂性研究 ··· 099
5.1 问题描述和模型构建 ········ 102
5.1.1 经典的 Hotelling 模型 ········ 102
5.1.2 符号说明 ········ 103
5.1.3 模型构建 ········ 103
5.2 模型稳定性分析 ········ 108
5.2.1 系统的均衡点 ········ 108
5.2.2 均衡点的稳定性分析 ········ 108
5.3 数值仿真结果 ········ 112
5.3.1 价格调整速度对系统稳定性的影响 ········ 112
5.3.2 价格折扣和产品成为概率产品的概率对系统的影响 ········ 116
5.4 混沌控制 ········ 120

5.5 本章小结与现实启示 …… 122
5.5.1 本章小结 …… 122
5.5.2 现实启示 …… 123

第6章 风险规避型供应链广告投入博弈模型的复杂性研究 …… 125

6.1 问题描述与模型构建 …… 127
6.1.1 模型假设 …… 128
6.1.2 模型构建 …… 128
6.2 仿真实验 …… 132
6.3 广告投入动态博弈模型 …… 134
6.3.1 系统的均衡点 …… 135
6.3.2 系统均衡点的稳定性分析 …… 135
6.3.3 参数对系统稳定性的影响 …… 137
6.4 混沌控制 …… 147
6.5 本章小结 …… 150

第7章 考虑需求依赖库存和产品变质的供应链系统动力学行为研究 …… 151

7.1 问题描述与模型构建 …… 153
7.1.1 模型假设 …… 154
7.1.2 切换线性和非线性模型 …… 155
7.2 稳定性分析 …… 160
7.2.1 子系统1的稳定性 …… 160
7.2.2 子系统2的稳定性 …… 160
7.2.3 子系统3的稳定性 …… 161
7.2.4 子系统4的稳定性 …… 161
7.2.5 子系统5的稳定性 …… 162
7.2.6 子系统6的稳定性 …… 163
7.3 模拟实验 …… 164

7.3.1 所有子系统稳定时的动态仿真 …… 164
7.3.2 稳态和不稳定子系统共存时的动力学模拟 …… 166
7.3.3 参数对切换供应链系统稳定性的影响 …… 169
7.4 本章小结 …… 170

第8章 总结与展望 …… 173

8.1 研究总结 …… 175
8.2 研究展望 …… 176

参考文献 …… 179
索引 …… 199
致谢 …… 201

第1章

绪论

1.1 研究背景与研究意义

1.1.1 研究背景

20 世纪 90 年代以来，信息技术（IT）的发展促进了经济全球化。经济全球化使得企业之间的关系越来越紧密，相互依赖程度不断加强，这给企业带来了更广阔的市场。但是，外部环境的不确定性和国家的一些政策导向导致顾客需求的不确定性增加，从而给市场的运行带来更大的波动性。面对市场的不确定性，企业决策者和顾客会做出风险规避行为，企业和顾客所在的供应链表现为风险规避型供应链。March 和 Shapira 认为供应链风险是关于供应链变量结果的可能性和价值分布的变化。简言之，供应链风险是指供应链中供给和需求的错配带来的影响及可能性。供给和需求的不符引起顾客需求的不确定性，顾客需求不确定性的增加给企业带来风险损失，甚至使企业破产，也会导致供应链成本的增加，使供应链竞争力减弱。所以，市场的不确定性因素给供应链带来的风险是学术界研究的一个热门话题。之前对供应链中决策者在风险中性条件下所做的研究不能用来指导供应链运行实践。考虑供应链中决策者的风险行为，建立风险规避型供应链的动态博弈模型并对其长期演化过程进行分析，掌握供应链在动态情况下的演化过程有利于对供应链进行管理。

企业在运营过程中不可能获得竞争对手的全部信息，要获得更多的信息就需要付出更多的成本。所以现实的供应链主体是在信息非对称情况下进行决策的。再加上决策者自身因素影响，往往做出有限理性行为。市场的不确定性使供应链的主体决策者出于降低损失，做出风险规避行为；顾客为了得到最大效用，也会做出风险规避行为。在风险规避行为影响下供应链的主体决策者该如何进行决策应引起学术界重视。考虑到决策者的风险态度的供应链管理方法和理论，能够结合供应链的现实运行特性，得出有利于供应链企业运作的策略。所以，决策者的风险态度是影响供应链运作的一个关键因素，应该引起学术界的重视。

最近几年，非线性科学逐渐得到广泛应用。许多研究将非线性理论、复杂系统理论融入对经济系统的研究中，极大地丰富了经济系统长期博弈行为复杂性的研究。运用非线性动力学分析现实中经济体的竞争行为，是实现对市场有效调控的一种新途径。本书正是在这一背景下，通过非线性分析方法，对决策者具有风险规避行为的供应链竞争博弈模型进行分析，找出引起供应链不稳定的深层次原因，并在此基础上为决策者提出合理的产量、价格和广告投入竞争策略；同时，本书的研究成果可以为供应链的各经济主体在面对市场不稳定时做出的调控策略提供理论依据。

1.1.2 研究意义

本书研究意义主要体现在以下两个方面：

1. 理论意义

随着不确定因素的增加，决策者会规避不确定因素带来的风险。在此背景下展开供应链竞争博弈，以获得更丰厚的利润和更高的市场占有率。理论上，将管理学、经济学和非线性动力学理论应用到决策者具有风险规避行为的供应链经济问题中，研究变量博弈的演化行为，有利于从多个视角了解风险规避型供应链运行机理，体现了交叉学科相互渗透、相互影响的研究特点。供应链是一个复杂的自组织系统，外在环境对供应链稳定性的影响非常明显。根据现实竞争模型建立了风险规避型供应链的非线性离散动态博弈模型，研究了行为因素对供应链复杂性的影响，弥补了以往研究的不足，具有显著的理论意义。

2. 现实意义

企业所处的外部环境非常复杂，受到多种因素的影响，如原材料供应不及时、产品的生命周期急剧缩短、顾客需求的个性化和多样化等。这些不确定因素都给企业决策带来不确定性和风险。因此，研究供应链中决策主体在风险规避行为的影响下如何进行决策，使供应链在有序的市场环境下进行竞争具有现实意义。因此，在决策者具有风险规避行为的情况下对供应链动态竞争博弈进行深入研究，有助于提高供应链管理的效益，进而帮助企业实施更有针对性决策，有助于企业健康、持续地发展。

1.2 相关研究综述

1.2.1 混沌理论在博弈领域中的研究综述

1944 年，冯・若依曼和摩根斯坦恩的著作《博弈论与经济行为》的出版标志着现代博弈论的开始。之后，Nash 给出了“纳什均衡”定义，并将它用在非合作博弈中解决均衡问题。Seleten 和 Harsanyi 在 Nash 基础上提出了“子博弈精练纳什均衡”和“贝叶斯纳什均衡”定义。20 世纪 70 年代后，大部分经济博弈模型建立起来，博弈论在广泛领域内得到了应用。

混沌动力学理论与博弈论相结合是近年来科学研究的前沿，也是国内外学者研究的热点。1838 年，古诺（Cournot）提出了以产量为基础的寡头博弈模型；1883 年，伯川德提出了以价格为基础的寡头博弈模型，这两个模型都是寡头之间的相互决策。之后很多学者将混沌理论用来对古诺和伯川德模型的长期博弈行为进行研究，并对模型进行了改进。把决策者的行为因素植入模型中，发现了决策者在长期的博弈过程中，产量（价格）会出现不稳定甚至混沌现象。

很多学者用混沌理论对不同情景下的古诺模型进行了复杂性分析。Rand 是第一个发现在古诺模型的博弈过程中，寡头博弈的结果可能不会收敛到 Nash 均衡点，而是会出现周期解或混沌解。随后大量学者对古诺模型进行了进一步研究和改进，并将有限理性、不完全信息引入模型，在此基础上研究模型的复杂行为。Puu 在经典古诺模型基础上，研究了三个寡头产量调整的过程。文章假设寡头具有等弹性需求函数和不变的边际成本，结果发现相对于两寡头博弈，系统更容易出现混沌行为。1998 年，他又研究了等弹性需求函数下古诺—斯坦科尔伯格产量博弈的调整过程，得到了相似的结论。随后他又研究了有产能限制的三寡头博弈古诺模型。Ahmed 等在 Puu 的基础上研究了两个公司的广告竞争模型，发现两个公司的广告参数比较接近时系统将会发生混沌，并对混沌进行了控制。Matsumoto 构建了一个非线性古诺双寡头模型，研究发现从长期发展来看，边际生产成本低的公司比较偏好稳定的市场环境，而边际成本高的公司偏好混沌市场。Tramontana 等对具有等弹性需求函数和单位成本的古诺模型进行了全局稳定性分析，发现系统的分岔中出现新的特征——Neimark - Sacker 分岔。Canovas 和 Medina 分析了经典的古诺模型，计算了模型的拓扑熵，并用正熵描述了参数值。虽然拓扑熵能测量模型的动态复杂性，研究结果表明不能观察到这种复杂性。Askar 考虑了没有拐点的非线性需求函数和随机的成本函数，构建了一个古诺双寡头模型，得到了模型的均衡点及其均衡点的复杂性特征。Wu 和 Ma 研究了具有管理代表团的多产品古诺双寡头动态模型，产品具有非线性成本函数，决策者的决策准则是有限理性，研究发现模型存在间歇性混沌（包括 Hopf 分岔）。Ahmed 和 Elettreby 从静态和动态两个方面研究了多市场古诺博弈模型，并计算模型纳什均衡点的稳定性，发现了模型具有混沌行为。Ding 等从有限理性的角度研究了古诺双寡头投资模型，并研究了延迟对模型稳定性的影响。Cavalli 和 Naimzada 分了双寡头古诺动态模型，两个公司分别采取梯度规则机制和局部垄断机制进行产量调整，研究发现模型存在 Neimark - Sacker 分岔。Agiza 等研究了一个双寡头动态博弈模型的动力学特性和混沌同步问题。Zhang 等、Matsumoto 等、Elsadany 等将延迟决策引入古诺模型，研究发现适当的采取延迟策略不会改变系统的 Nash 均衡点，同时可以使系统变得更为稳定。Wu 等研究了中国四寡头垄断啤酒市场。假设厂商采用延迟有限理性决策并建立了动态博弈模型，应用非线性理论研究了系统的复杂行为，并以此为基础研究了不同参数组合条件下的系统动态演化行为。

运用混沌理论对伯川德模型进行复杂性分析也是学术界研究的一个热点。Ma 和 Ji 研究了电力市场的产量博弈模型，考虑电力公司会收取一定的过网费用，发现了在初始产量不确定时，系统会出现密度周期、混沌等现象，并对系统进行了混沌控制。Zhang 等运用动力系统的分岔理论分析了伯川德模型的稳定性。Xin 和 Chen 构建了一个主从伯川德博弈模型，上游企业的产量决策是下游企业做决策时的主要参考因素，用 Schwarzian 导数分析了伯川德模型纳什均衡点的分岔行为，通过数值模型分析了模型的复杂动力学行为。Sun 和 Ma、Ma 和 Zhang 分别研究了中国钢铁市场和中国财产市场价格博弈的复杂性，并用混沌控制的方法对系统的混沌行为进行控制。Ahmed 等运用梯度调整机制方法研究了动态伯川德寡头博弈模型并分析了模型的动态特征。Xin 和 Li 建立了一个非线性离散的沿海灌溉用水价格博弈模型，通过 0 - 1 测试算法将系统连续化，从价格竞争中发现了混沌现象。

近年来，有学者对古诺—伯川德混合博弈模型的复杂动力学进行了研究。Wang 和 Ma 在决策者具有不同预期下研究了古诺—伯川德博弈模型的复杂性，顾客具有线性的需求函数和公司具有固定的边际成本。Askar 给出了古诺—伯川德混合竞争博弈模型的理论框架，基于有限理性预期分析了模型的纳什均衡点稳定条件。Ma 和 Wang 用延迟有限理性对古诺—伯川德博弈模型进行了复杂动力学分析，发现延迟系统不改变系统的纳什均衡点，并使系统有很好的稳定性。

1.2.2 混沌理论在经济系统的应用研究综述

经济系统的动力学行为也是最近研究的主流方向，学者们通过研究解决了经济数据的主要问题，如不规则的宏观经济波动、经济的不规则增长、经济结构的调整和重叠等。本节对国内外有关混沌理论在经济系统中的研究文献做一简单综述。

首次在经济增长模型中发现混沌现象的是 Stutzer，这一发现说明了传统的宏观经济系统模型在运行过程中存在内在的随机性和不确定性的经济行为。Boldrin 等研究了一般动态均衡理论发展所关心的经济内生波动的条件，虽然模型涉及两个不同性质和不同政策的震荡，但研究结果表示都是符合最优化行为和竞争均衡的。Feichtinger 和 William 及 Edward 发现企业的 R&D 支出水平与企业生产增长率之间的关系对于系统的稳定性有着重要影响。R&D 支出水平达到企业销售额的一定比例时，增长率会出现复杂的不稳定现象。Benhabib 研究得出经济增长会受到市场、技术变革和消费倾向的影响，即使系统处于最优经济增长轨道，外界条件的变化也可能使系统产生不规则的波动甚至产生混沌。

Fanti 和 Manfredi 及 Chen 等、Ma 等研究了经济系统的 Hopf 分岔行为。Ma 和 Tu 考虑了具有时间延迟的资金供应宏观经济模型。研究结果表明时间延迟系统的稳定性与时间延迟的长度关系密切。当延迟时间很短，系统的稳定点仍旧在稳定域内；当延迟时间较长，系统的均衡点将进入混沌状态。Guirao 等分析了广义三维 IS－LM 动态宏观经济模型，对系统存在极限环进行了严格证明，并研究了不同参数值对系统稳定性和纳什均衡点的 Hopf 分岔的影响。一些文献对具有时间延迟的 IS－LM 模型进行了研究，发现时间延迟使模型呈现出各种各样的动力学特征。Ma 等采用重构技术对相空间重构问题进行了研究，并用分维数、李雅普诺夫指数等方法对模型的动力特征进行了分析；根据动力系统实测数据，建立了非线性混沌模型及模型参数辨识方法。Gao 和 Ma 在金融系统中发现了 Hopf 分岔，并在随后的研究中将延迟引入金融模型，发现采用适当的延迟策略可以使金融系统变得更为稳定。马建国等对一类竞争型企业组织的复杂性进行了评价，主要应用非线性理论并以累计利润为主要评价指标，发现在 Nash 均衡点的稳定区域内企业存在最优策略。张强和李立华以我国金融系统最严重的金融危机为研究对象，用相空间重构技术，研究了金融混沌的识别问题。研究发现我国金融系统在运行过程中发生了确定性混沌现象，这一认知为进行金融危机的防范与控制奠定了基础。Soliman 建立了关于通货膨胀—失业的经济模型，并用分数维和参数稳定域方法展示了非线性经济系统的复杂动力学特征。随后，Ahmed 等用混沌控制方法对 Solimans 模型中的通货膨胀—失业模型进行了混沌控制。Chen 等基于分数阶微分方程的稳定性理论和稳定性条件，对分数阶经济系统进行了线性控制和同步分析。

1.2.3 混沌理论在供应链领域的应用研究综述

Forrester 最早将非线性理论应用到供应链中，提出了供应链中典型的动力学行为“牛鞭效应”。随后很多学者在“啤酒游戏”中发现了“牛鞭效应”。“啤酒游戏”提供了研究供应链分销行为的仿真模拟环境，后来逐渐演化为对供应链动力学特征的研究模型。Macdonald 等在 Sterman 模型的基础上，依据决策者采用的启发式方法，分析了“啤酒游戏”模型的短期和长期复杂行为，研究了系统达到稳定状态的速度，即使决策者完全掌握订单信息，供应链的短期表现不能用来作为长期表现的预测。Chen 等研究了预测、前置期和信息等因素对供应链中“牛鞭效应”的影响，发现共享顾客需求信息能减少但不能完全消除“牛鞭效应”，并且指数平滑预测方法能导致“牛鞭效应”的发生。导致“牛鞭效应”的一个重要的原因是供应链成员的补货策略，Dejonckheere 等不考虑所使用的预测方法，研究得出，订货点（Order - up - to）模型能产生确定性的“牛鞭效应”。Feng 和 Ma 对国内外关于供应链需求预测的研究文献进行了总结，并应用相空间重构理论的支持向量机预测方法，对“牛鞭效应”引起的实际需求的波动进行了预测，从非线性动力学角度提出缓解“牛鞭效应”的 O - S 反馈控制方法。Wang 等，Najafi 和 Farahani，Nagaraja 等分析了顾客价格预测行为、预测技术、顾客的季节性需求对供应链“牛鞭效应”的影响。Hwarng 和 Xie 从混沌视角分析了供应链运作管理中的非线性动力学特性，解释了“牛鞭效应”产生的原因，并由此提出可以通过采取信息共享、通信联盟、提高运作效率等方法控制“牛鞭效应”的发生，同时提出了有效的预测方法。王冠辉和 Ma 运用混沌动力学理论，研究了供应链中不同节点企业针对需求波动进行的产量决策博弈行为。研究发现随着产量速度调整的增加产量决策会进入混沌状态，并对混沌现象进行了控制。Guo 和 Ma 研究了闭环供应链的运作复杂性问题。研究结果表明回收率以及再制造商所决定的回收速度对于系统稳定性有很大的影响。Hwarng 和 Yuan 以啤酒模型为研究背景，对具有确定性和不确定性的需求时间序列进行了混沌分析。结果表明确定性和随机性的需求序列表现出截然不同的混沌特征。Li 和 Ma 考虑了零售商进行线上和线下决策的双渠道供应链模型，运用动力系统的分岔理论，对双渠道供应链进行了复杂性分析；随后，他们研究了延迟策略对双渠道供应链系统稳定性的影响。发现当零售商具有丰富的运作经验时，延迟策略是一种有效避免利润损失的方法。Wei 等研究了需求依赖库存的供应链系统的复杂动力性，考虑到需求是分段线性化的，他们建立了包含三个子系统的线性切换模型。模拟结果显示需求依赖库存的线性切换供应链系统具有非线性的特征，如周期波动和混沌。这主要是由于库存状态的不确定性而引起子系统之间的切换频率造成的。Shih 等基于混沌理论和知识管理，研究了知识分享在两级供应链中的作用，他们用来自美国的 40 个公司的知识管理实践印证公司供应链运作中呈现的复杂动力学特征。Serdarasan 认为对供应链复杂性研究主要从静态和动态两个方面分析。静态复杂性主要从供应链结构、产品种类等方面进行描述；动态复杂性是指供应链的不确定性，包括时间和随机性等方面。他们认为在不同供应链结构下，供应链复杂性的驱动力是不同的。王晶等用分段函数研究了同时受到有限供货能力和不可退货约束的线性模型。该模型采用两种补货策略，结果显示准确的前置期对消除库存转移和系统稳定性非常重要，订货政策必须根据准确的前置期来设置，才能避免系统波动和分岔。Ma 和 Guo 研究了闭环供应链的动态特征，建立了离散决策模型和集中决策模型并分析了其相应的连续系统。根据有限理性预期理论，分析了参数对系统稳定性的影响。研究发现当回收价格取一定值时，系统将会进入混沌状态。

1.2.4 基于决策者风险偏好的供应链研究现状

Gan 等最早考虑了供应链中决策者的风险规避行为，并用三个具体的案例研究了风险规避型供应链的契约协调问题。其中，零售商具有风险规避行为，研究发现设计的风险分担契约能提高零售商在供应链中的地位，并能提供给供应商保守利润，实现了渠道协调。Wang 和 Webster 研究了风险规避型供应链的协调问题，通过建立收益共享契约模型来分析决策者的风险态度对供应链的影响。Yang 等，Hsieh 和 Lu，Xie 等分析了风险规避行为的决策者在不同的情景下如何进行决策，并以供应链绩效为评价指标分析风险规避行为对供应链的各个主体的影响。Li 等研究了易腐蚀产品的双渠道供应链模型，研究发现当需求不确定性遵循均匀分布时，模型存在纳什均衡且零售价格随着零售商的风险规避程度的增加而下降；然而，制造商的利润变化取决于相关的参数值。Xiao 和 Xu 研究了一个风险规避型制造商的产品定价和产品线策略问题，他们确定了制造商是继续生产产品还是新产品替换旧产品的条件。研究发现风险规避行为对制造商和零售商的决策产生很大影响。Zhou 等基于主从博弈建立了一个回收供应链模型，制造商和零售商都具有风险规避行为。研究得出供应商的最优回购价格以及零售商的最优订货量。Xu 等考虑了供应链成员具有风险规避行为，基于平均—方差模型，建立了双渠道供应链协调契约。Chen 等建立了双边风险规避型供应链的博弈模型。研究发现当最厌恶风险的供应商能承受整个风险和成本最低的供应商能处理所有的产品时，供应链系统能够实现协调。Dai 和 Meng 研究了一个风险规避的报童模型，并分析了风险规避系数、单位订购成本等外在变量对最优决策变量的影响。研究发现外在变量的变化没有改变最优决策变量的决策方向。

1.3 已有研究成果的贡献与不足

通过对混沌理论在博弈领域、经济系统、行为供应链等方面相关研究成果的梳理和分析，可以发现对行为供应链的研究已经取得了有价值的学术研究成果，但是现有研究成果尚存不足。通过阐述已有研究的贡献，说明研究文献的不足之处，可以从中得到启示。

1.3.1 已有成果的主要贡献

已有的相关参考文献为开展风险规避型供应链复杂性的研究奠定了坚实的理论基础，提供了研究风险规避型供应链的研究方法，为解决现实供应链中广泛存在的复杂决策问题提供了丰富的学术思想和一种可行的思路，具体主要体现在以下几个方面：

（1）风险规避型供应链的研究为企业决策提供了理论依据。不确定性因素是影响企业决策的主要因素，使企业决策者做出风险规避行为。目前，风险规避行为已是学术界关注的一个研究课题，该课题的研究能给企业决策者决策提供有力的依据。很多学者研究了决策者的风险规避行为对整个供应链的决策和绩效影响，但关于风险规避型供应链的动态博弈方面的研究很少。在已有研究成果的导引下，形成了本书的研究动机，确立了本书的研究主题。

（2）为风险规避型供应链的研究奠定了理论基础。已有的研究成果设计了对风险型供应链的基本思想和基本模型的研究，如风险效用的计量方法。这些为风险规避型供应链的研究奠定了坚实的理论基础，提供了理论指导与依据。

（3）为风险规避型供应链的动态复杂性研究提供了理论指导与依据。根据非线性动力系统理论研究供应链的动态演化行为是最近的一个研究热点。已有研究成果中涉及的理论、方法与技术为本书的研究提供了理论指导与方法支撑。

（4）为风险规避型供应链的研究提供了大量的现实背景。已有的研究成果对供应链中具有复杂特征的决策问题进行了提炼，如风险规避行为对供应链上下游企业的影响。这些实际问题的提炼为拟定本书的研究背景提供了现实依据，并进一步确定了本书研究的现实意义。

1.3.2 已有成果的不足之处

已有研究文献的局限性主要表现在以下几个方面：

（1）有关非线性动力学理论在经济系统中的研究很多，特别是寡头市场的研究更是学者们关注的热点。但是，很多学者都是在完全信息状态下来研究供应链的问题，也有学者研究不同决策规则下的供应链动态博弈。现实的竞争情况是，顾客需求具有多样化以及不确定性使制造商做出风险规避行为，已有的关于寡头研究的方法没有考虑外部环境的不确定性给决策者带来的影响，没有考虑决策者风险态度对其他企业决策的影响。将经济学理论和非线性混沌理论相结合来研究风险规避型供应链的运行机理的文献很少。

(2）运用非线性动力学理论对价格和产量博弈已经有了一些研究，如多渠道供应链、房地产市场、钢铁市场等领域的研究。但是，不同领域的市场特点是不同的，因此结合风险规避型供应链的市场特点在不同的环境下建立模型，并对其博弈复杂性进行研究，可以进一步丰富博弈理论以及混沌理论在现实中的应用。

(3）现有的关于风险规避型供应链的研究，主要假设决策者（制造商、零售商或顾客）是完全理性的，能够完全掌握市场信息，并根据自身利益最大化来制定市场竞争策略。在现实市场竞争中，决策者并不是完全理性的，受到决策者的决策能力和决策规则的影响。已有的研究成果中将产量和定价博弈决策、期望理论、非线性动力学理论有效结合起来研究风险规避型供应链的复杂决策的文献很少。

(4）现有的关于决策者长期博弈的文献中，大多是结合理论模型来分析其复杂动力学行为，而对市场所展现出来的新特征的研究不够深入。因此，如何结合市场特征，建立风险规避型供应链模型，并利用非线性动力学理论发现市场运行规律，需要进一步深入研究。

1.4 研究内容及创新点

本章围绕供应链博弈问题、风险理论、供应链中的混沌特征研究进行了文献综述，深化了本书的研究意义，明确了本书的研究方向和具体研究内容。

1.4.1 主要研究内容

本书主要结合风险规避型供应链的市场特征，综合运用管理学、经济学和非线性动力学的思想和定量分析方法，研究了风险规避型供应链在面对市场不确定性时的博弈竞争问题。外部环境的不确定性和顾客需求的不确定性，以及各种不对称信息使制造商和零售商产生风险规避行为，使得制造商和零售商很难进行博弈决策。

本书根据供应链的现实竞争情况，建立了不同条件下风险规避型供应链的产量、价格和广告投入博弈模型，研究了制造商和零售商在不同决策规则下的复杂动力学行为。本书应用非线性理论的一些方法，通过计算实验揭示了风险规避型供应链在演化过程所表现出的动力学特性，并对表现出的动力学特征进行仿真和描述，同时给予了一定的经济学解释。通过对博弈模型的研究，分析了参数对风险规避型供应链系统演化过程的影响，发现了制造商和零售商在不同环境下长期竞争的复杂性。本书各章的具体研究内容如下：

第一章介绍了本书的研究背景以及研究意义，对混沌动力学理论在博弈领域、经济系统和供应链领域的文献进行了综述和评价，提出本书需要解决的问题、研究路线、研究框架和主要创新点。

第二章首先对本书中用到的相关理论做了简单的介绍。重点介绍了混沌动力学理论以及经济系统混沌控制方法。其次对于博弈理论及其经典的博弈模型进行了简要阐述。最后对概率销售模式及其决策过程进行了介绍。这些理论都为后面的研究奠定了基础。

第三章首先研究了风险规避型零售商在离散决策和团队决策下的产量博弈模型。面对顾客需求的不确定性，三个零售商都具有风险规避行为。通过对模型的分析，研究了模型在不同决策下均衡点的稳定性。其次应用计算实验的方法，研究了模型长期竞争的复杂性和参数对模型复杂演化过程的影响。最后应用状态反馈和参数调整控制法，对风险规避型供应链系统的混沌行为进行了有效控制。

第四章建立了由两个制造商和一个零售商组成的风险规避型供应链价格竞争的 Bertrand - Stackelberg 博弈模型。研究了模型均衡点的稳定性，并通过数值模拟分析了参数对模型 Nash 均衡点及其稳定性的影响，展示了该模型在长期价格博弈中的各种复杂行为特征。通过研究发现制造商的风险规避行为对系统的稳定性产生影响，而零售商的风险规避行为不影响系统的稳定性；从利润的角度来讲，制造商在稳定状态下的平均利润大于混沌状态，而零售商在混沌状态下的平均利润大于稳定状态。最后通过状态反馈和参数调整控制法对系统进行了有效的混沌控制。

第五章建立了由两个制造商和一个零售商组成的风险规避型供应链，两个制造商都同意创建概率产品。通过传统销售和概率销售，零售商将产品销售给顾客，顾客对概率产品具有风险规避行为。零售商不仅要确定两种产品成为概率产品的概率，同时要根据顾客对概率产品的风险态度来制定产品的价格，这些都使市场竞争变得更为复杂。本章还通过数值仿真研究了在传统销售和概率销售模式下的风险规避型供应链价格博弈模型的复杂行为，并采用非线性反馈控制的方法对系统的混沌行为进行了有效控制。

第六章研究了由两个制造商和两个零售商组成的双渠道供应链进行广告投入竞争的博弈模型。其中，制造商具有过度自信行为，零售商具有风险规避行为。通过计算实验的方法研究了双渠道供应链在分散决策和主从决策下的系统绩效。同时研究了动态主从博弈模型的复杂动力学行为，并采用延迟反馈控制的方法对模型进行了有效控制。

第七章对本书的研究进行了总结和展望。分析了模型中的假设条件，如果放松这些条件可以得到更有意义的结论，并对以后的研究内容进行了展望。

研究框架如图 1 -1 所示。

1.4.2 本书的创新点

本书的主要创新点归纳如下：

(1) 将风险规避型供应链的博弈模型与非线性动力学理论相结合，根据现实的竞争情况，建立了风险规避型供应链产量博弈模型。建模时考虑了零售商对需求的不确定性具有风险规避行为，这使模型更加贴近供应链实际竞争情况。利用最大李雅普诺夫指数、奇异吸引子、系统对初值的敏感性、系统的功率谱等指标分析了风险规避型供应链系统在不同决策模型下的演化过程及其复杂动力学特征，同时将利润作为指标分析了混沌现象对于系统运行效能的影响。和以前的研究相比，本书更深层次地将非线性动力学理论和供应链理论结合起来。

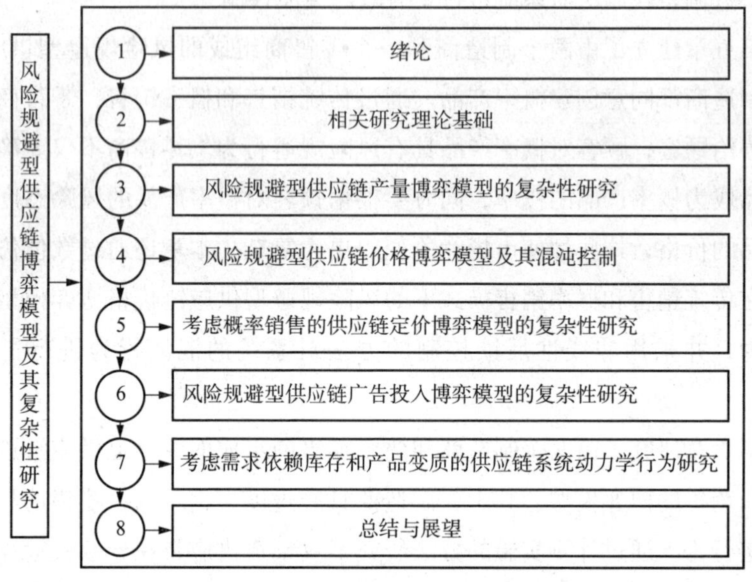

图1－1　本书的研究框架

（2）研究了风险规避型供应链价格竞争 Bertrand－Stackelberg 博弈模型，运用非线性动力学理论对制造商和零售商的长期博弈进行了深入研究，揭示了参数影响下模型的复杂演化过程。研究发现风险态度在不同的决策规则下对系统的稳定性有不同的影响，制造商运行的平均效能在系统处于纳什均衡点时最好，而零售商则是出现在混沌状态时。采用状态反馈和参数调整控制法对系统进行了有效的混沌控制。

（3）将概率产品和概率销售引入到供应链价格博弈模型。由于制造商同时决定产品的批发价格，零售商同时销售传统产品和概率产品，这使得模型较之前更为复杂。本书通过数值仿真研究了在概率销售模式下风险规避型供应链价格博弈模型的复杂行为，并采用非线性反馈控制的方法对系统进行了有效控制。

（4）将广告投入引入到双渠道供应链的决策中，针对制造商具有过度自信行为和零售商具有风险规避行为，建立了双渠道供应链广告投入竞争模型。研究表明：处于主导地位的制造商具有先动优势，能够以较小的广告投入获取最大的收益；广告成本分担比例对制造商和零售商的广告投入和利润有很大影响。同时研究了系统均衡点的复杂动力学行为，并采用延迟反馈控制的方法对系统进行了有效控制。

第 2 章

相关研究理论基础

本章主要介绍书中用到的基础理论，包括混沌动力学理论基础、博弈模型理论、概率销售理论。这些理论基础是后面章节建模与分析的基础。

2.1 混沌理论

一般情况下，系统是由若干个客体组成，相互之间具有联系和依赖性，并具有特定功能。它可以是自然科学中的一些物质，例如，人体和钟表，也可以是各种组织，如学校。经济系统的本质是非线性的，对于经济系统的传统研究大多假设它是线性的。之所以这样做，是因为线性系统简单且较容易分析。现实中的经济系统却大多是非线性的，用线性分析范式来分析非线性系统的问题，会使分析结果与现实不符。采用非线性分析范式来分析非线性系统的问题能够真实地揭示经济系统的运行规律，可以更辩证地反映事物的本质，近年来成为解释和分析经济行为的主要工具。

2.1.1 动力系统的基础理论

系统是指由一些相互联系或相互依赖的若干客体组成的集合，具有特定功能的有机整体。系统可以是自然科学中的一些物质，也可以是各种社会事物或者组织。经济系统的本质是非线性的，而经济系统的传统研究大多假设其是线性的。之所以这样做，是因为线性系统简单且较容易分析。现实中的经济系统大多是非线性的，采用线性的分析范式会导致分析结果的误差随着时间的演化变得越来越大。非线性动力学理论则可以部分避免线性范式的弊端，应用非线性理论研究经济系统，可以更辩证地反映事物的本质，近年来成为解释和分析经济行为的主要工具。

1. 动力系统

动力系统（Dynamical System）是一个数学概念。物种繁衍、流体运动、经济系统的发展演变等都是随时间而演变，这些系统如果用一个数学模型来描述的话，可以表达为：φ_t：$X \to X$，其中，X 是所有客体的各种状态构成的集合，φ_t 表示 X 与时间 t 相关的动态变化规律。所以，动力系统可以描述几何空间中的一个点在遵循固定运行规则下，随时间变化的系统，如流体运动、物种绵续、钟摆晃动，宏观经济系统中的周期变换等数学模型都是动力系统。动力系统在运行过程中的状态是一系列被确定下来的实数，称为运行状态，运行状态的变动对应这组实数的变动。动力系统遵循一组固定的演化规则，这种规则是确定的。在给定的时间间隔内，系统沿演化规则从当前状态演化出一个未来的状态。

2. 不动点的稳定性

首先给出不动点的定义：

若 x^* 满足 $F(x^*)=0$，则称 x^* 为不动点（*Fixed Point*）。从不动点出发的解的速度为零，因此它会停留在该点而且对所有的 t 都有 $\varphi(t: x^*)=x^*$。传统上也称不动点为平衡点（Equilibrium Point）。稳定性一词最早是从力学方面演化过来的，是指系统的量不随时间变化的平衡状态。在外力的干扰下，一定周期内物体能回到原来的位置，这个状态是“稳定的”；反之，一定周期内物体不能回到原来的位置，这个状态是“不稳定的”。这说明当力达到平衡时，物体就不再移动。在供应链系统，稳定性是指供应链中各企业主体的博弈结果达到最优状态。

供应链系统表现出复杂的非线性特征，非线性的供应链系统可能存在多个平衡点。这些平衡点中，有局部平衡点，也有整体平衡点。如果用线性范式分析供应链系统，那么它的平衡点是唯一的，这样会掩盖供应链的某些平衡点。

3. 分岔

分岔（Bifurcation）的研究始于18世纪力学对于非线性振动失稳的研究。分岔问题与系统的稳定性问题相对但又密不可分。系统运行经过某个关键值时，相空间的拓扑结构会突然发生变化，改变原来运行的方向；也可以说，系统的拓扑结构发生了“质”的变化。例如，考虑一个系统如2-1所示：

$$x_{t+1}=f(x_t,\mu) \tag{2-1}$$

$x\in U\subseteq R^n$为状态参数，$\mu=[\mu_1,\mu_2,\cdots,\mu_m]^T\in J\subseteq R^m$为分岔参数。当$\mu$不断变化时，系统在向空间定态结构$\mu_0\in J$发生突然变化，解的数目发生了变化，则称系统在点$\mu=\mu_0$处发生分岔现象，$\mu_0$为系统的分岔的一个临界点。

分岔的类型主要有霍夫分岔（Hopf Bifurcation）、叉型分岔（Flip Bifurcation）和鞍-结分岔（Neimark-Sacker Bifurcation）。

4. 吸引子

一个耗散系统中解的情况可以用吸引子来定性说明。混沌的一个重要特征是奇异吸引子理论和分维。

假设系统的运动由n个一阶微分方程表示：

$$\frac{dx}{dt}=f(x),x=(x_1,x_2,\cdots,x_n) \tag{2-2}$$

以x_1，x_2，…，x_n为坐标，系统运动的一个相空间。相空间内的每个点表示系统的解，它描述系统的运动状态，解的运动则称为相空间中的流。

Lanford对吸引子的定义为：相空间的一个子集A。

（1）A对于$\frac{dx}{dt}=f(x)$，$x=(x_1,x_2,\cdots,x_n)$产生的流是不变的；

（2）A具有吸引性，存在一个A的邻域，该邻域内的流收缩至A；

（3）在A上的流是循环的；

（4）A具有不可分割性，即不能把它划分为更小的集合。如果对它进行分割，就不能满足定义要求。简单说，吸引子就是一个动力系统经过长时间演化后的一个极限状态。

只有耗散的动力系统才具有吸引子，稳定、周期、拟周期和奇异吸引子为常见的几种吸引子形式。前面三种吸引子描述经典动力系统的规则有序运动，奇异吸引子表征耗散动力系统的混沌运动，它具有分维数的特征。图 2 - 1 就是著名的奇异吸引子——洛伦兹吸引子。

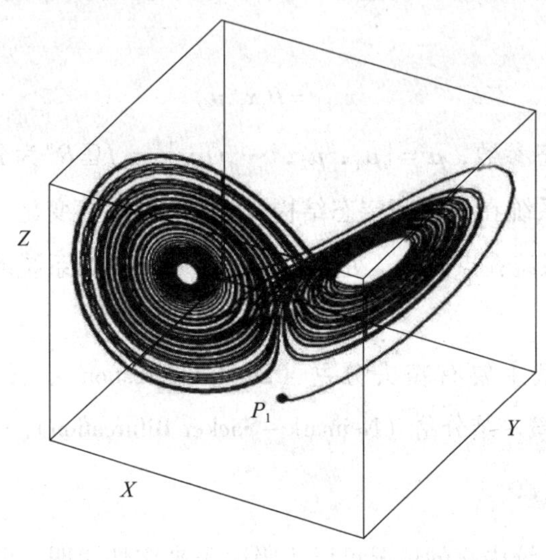

图 2 - 1　洛仑兹吸引子

5. Lyapunov 指数

正的李雅普诺夫指数（Lyapunov Exponent）是混沌系统具有的一个重要特征。当动力系统的初值非常接近，随着时间的推移，它所产生的运动轨迹按指数分离。这说明动力系统运动轨道具有不稳定性，同时李雅普诺夫指数也可以用来刻画奇异吸引子性质。

下面用一维映射的例子来给李雅普诺夫指数下定义。

$$x_{t+1} = f(x_t, \mu) \tag{2-3}$$

μ 为状态参数，设 x_0，y_0 是一维相空间中相邻的两个点，于是

$$x_t = f^{(t)}(x_0, \mu), y_t = f^{(t)}(y_0, \mu) \tag{2-4}$$

如果两个点之间的距离随时间呈指数变化，即

$$|x_t - y_t| = |x_0 - y_0| \cdot e^{\lambda(\mu)t} \tag{2-5}$$

则

$$\lambda(\mu)=\frac{1}{t}\ln\frac{|x_t-y_t|}{|x_0-y_0|} \tag{2-6}$$

其中，当 $|x_0-y_0|\to 0$，$t\to\infty$ 时，称 $\lambda(\mu)=\lim\limits_{t\to\infty}\lim\limits_{|x_0-y_0|\to 0}\frac{1}{t}\ln\frac{|x_t-y_t|}{|x_0-y_0|}$ 是一个动力系统的李雅普诺夫指数。当 $\lambda(\mu)<0$ 时，动力系统呈现出收敛的趋势；当 $\lambda(\mu)>0$ 时，动力系统呈现出发散的趋势；当多数 $\lambda(\mu)>0$，动力系统呈现出混沌状态。因此，李雅普诺夫指数反映了动力系统初始运动的细小差距，随着时间不断变化呈现出收敛或者发散的趋势。

由此，可以推导出 n 维映射的李雅普诺夫指数。通过计算一个非线性系统的李雅普诺夫指数，可以判断这个系统是否出现混沌现象。

2.1.2 混沌动力学基础理论

1. 混沌的定义

对混沌的研究还处于发展阶段，不同系统的各种复杂混沌特性尚未完全展示。目前，对混沌的定义影响比较大的是 Li - Yorke 以及 Devaney。

李天岩—约克的混沌定义：连续自映射 f 在 $[a, b]$ 上若满足以下条件，则系统就是混沌的。

（1）f 具有无上界的周期点；

（2）存在不可数子集合 $S\subset[a, b]$，S 满足以下 a、b、c 三个条件且其中无周期点：

a. 对任意 $x, y\in S$，有 $\liminf\limits_{n\to\infty}|f^n(x)-f^n(y)|>0$；

b. 对任意 $x, y\in S$，$x\neq y$，有 $\limsup\limits_{n\to\infty}|f^n(x)-f^n(y)|>0$；

c. 对任意 $x\in S$ 和 f 的任意周期点 y，有 $\limsup\limits_{n\to\infty}|f^n(p)-f^n(x)|>0$。

在李天岩—约克的混沌定义中，约束条件 a 和 b 表明对于任意属于 S 的点 x、点 y 没有要求。约束条件 c 表明，点 x、点 y 不会趋向任意的周期点。一个系统如果混沌，那么它一定存有无数个稳定的周期轨道和非周期轨道。Li - Yorke 根据这一发现，提出了著名的“周期三意味着混沌”的理论。

1989 年，Robert L. Devaney 发现按照 Li – Yorke 的混沌定义可能导致混沌是不可观测的，后来他给出了混沌的另一个定义：若度量空间 V 上的映射满足以下三个条件，则称映射 f: $V \to V$ 是混沌的。

（1）对初始值的敏感依赖性。$\exists \delta > 0$，在 x 的 ε 邻域 I 内存在 y 和自然数 n，使得 $d(f^n(x), f^n(y)) > \delta$，其中 $\varepsilon > 0$，$x \in V$;

（2）拓扑传递性。对 V 上的任意开集 X，Y，存在 $k > 0$，$f^k(X) \cap Y \neq \varnothing$;

（3）f 的周期点集在 V 中稠密。

Devaney 定义中的第一个条件表明，混沌系统是不可预测的。因为混沌系统对初值很敏感并且具有强依赖性，初值不可能完全相同，所以混沌系统没有预测的机制。第二个条件表明，系统不能被分解为两个不变的开子集合。第三个条件表明在混沌中的有序，混沌态中还具有稠密的周期轨道。后来数学家们深入研究了 Devaney 定义中三个条件的内在联系，证明以下三点：

（1）拓扑传递性和稠密的周期轨道蕴含了系统对初值的敏感性；

（2）特定条件下，Devaney 定义强于 Li – Yorke 定义；

（3）三个条件中的前两个条件可以作为因，第三个条件作为果。

2. 混沌的特征

混沌是一种复杂运动状态，存在于确定性的非线性系统。它具有内在随机性、有界性、遍历性、初值敏感性、分形和正的最大李雅普诺夫指数等特征。

（1）内在的随机性。虽然从内部来看混沌运动是杂乱无章的，但是在随机性中存在确定性一面。确定性系统的输入会产生确定性输出。但是在一个确定性的输入环境中也会产生类似随机的行为，表现出混沌特征。这说明混沌的随机性源于内在，与外部变量无关，因此称之为内在随机性。

（2）混沌的有界性和遍历性。系统处于混沌状态时，系统的运行轨线始终被吸引在一定范围内。整体上讲，混沌系统是有界并且稳定的；而遍历性则表现为其轨迹在有限时间内，会经历混沌吸引子内每一个点。

（3）对初值的敏感依赖性。不管离散或是连续，低维或是高维的混沌系统，其混沌运动都有一个基本的特征：系统的运动轨迹对于初始值的高度敏感。在混沌系统中，初始条件发生微小的变化，随着时间的不断变化，可能导致结果完全不同。这种对初始条件的敏感性，反映了动力系统内具有强烈的内在随机性，同时这种性质导致不能预测系统长期运动后的行为。

（4）与分形联系紧密。分形是几何学概念，表示那些无法用规则的几何语言叙述的复杂图形。混沌系统的初值或者参数的边界通常情况下是分形的，系统奇怪吸引子的截面往往也是分形的。

（5）与 Lyapunov 指数相关联。根据最大 Lyapunov 指数的大小可以对系统状态进行直观判断。系统的最大 Lyapunov 指数大于 0，意味着在不论系统初始轨线相差多小，随系统演化其差距都会呈指指数增长，最后系统进入混沌状态。此特性在后续章节中被用来判断系统的状态。

除以上几个特性之外，混沌系统还具有标度性、奇怪吸引子、连续功率谱和分形等特性。

3. 通向混沌的道路

大量的研究证实，对于不同类型的确定性的耗散系统，在不同条件下会以不同的道路通向混沌，如倍周期分岔道路、茹厄勒 - 塔根司（Ruelle - Takens）道路、阵发性道路和 Hopf 分岔等。

（1）倍周期分岔道路

从字面意义上来看，倍周期分岔就是系统的运行轨迹出现 2，4，8 倍的变化。系统参数值的不断变化，会引起系统的拓扑结构发生质的变化。首先系统的运行轨迹进行第一次分岔，系统出现两条运行轨迹，之后，每条运行轨迹再一分为二。倍周期分岔的演化过程就是系统不断沿每条轨迹继续分裂最终演化为混沌。本书讨论的风险规避型供应链系统在一定条件下均通过被周期分岔进入混沌状态，具体的演化过程通过以下章节进行展示。下面通过例子详细说明倍周期分岔的演化过程。

考虑离散 Logistic 模型：

$$x_{n+1} = \mu x_n (1 - x_n) \tag{2-7}$$

其中，μ 是正实数，$x_n \in [0, 1]$ 代表某一物种在第 n 年所占的比例。

根据公式 $x_{n+1}=x_n$，得到两个平衡点 $x_1^*=0$，$x_2^*=1-\frac{1}{\mu}$。

根据稳定性要求 $\left|\frac{\partial x_{n+1}}{\partial x_n}\right|<1$，令 $A=\left|\frac{\partial x_{n+1}}{\partial x_n}\right|=\mu(1-2x_n)$。

1）当 $0\leqslant\mu\leqslant1$

$A=\left|\frac{\partial x_{n+1}}{\partial x_n}\right|_{x_1^*=0}=|\mu(1-2x_n)|_{x_1^*=0}=|\mu|<1$，则平衡点 $x_1^*=0$ 稳定。

平衡点 $x_2^*=1-\frac{1}{\mu}$ 无实际意义，故 x_1^* 是系统唯一的不动点。

2）当 $1<\mu\leqslant3$

$A=\left|\frac{\partial x_{n+1}}{\partial x_n}\right|_{x_1^*=0}=|\mu(1-2x_n)|_{x_1^*=0}=|\mu|>1$，则 $x_1^*=0$ 为系统的不稳定的不动点。

$A=\left|\frac{\partial x_{n+1}}{\partial x_n}\right|_{x_2^*=1-\frac{1}{\mu}}=|\mu(1-2x_n)|_{x_2^*=1-\frac{1}{\mu}}=|2-\mu|<1$，所以 $x_2^*=1-\frac{1}{\mu}$ 是映射在［0，1］内的稳定不动点。

3）当 $3<\mu\leqslant1+\sqrt{6}$

$$A=\left|\frac{\partial x_{n+1}}{\partial x_n}\right|_{x_1^*=0}=|\mu(1-2x_n)|_{x_1^*=0}=|\mu|>1$$

$$A=\left|\frac{\partial x_{n+1}}{\partial x_n}\right|_{x_2^*=1-\frac{1}{\mu}}=|\mu(1-2x_n)|_{x_2^*=1-\frac{1}{\mu}}=|2-\mu|<-1$$

所以，离散 Logistic 系统的两个平衡点均失稳。

4）当 $\mu\geqslant3.5699$

离散 Logistic 系统的平衡点均不满足稳定性条件。随着参数 μ 的变化系统的演化如图 2-2 所示。

除 Logestic 系统，Duffing 系统也是通过倍周期分岔通向混沌。Feigenbaum 正是针对 Logestic 系统进行开创性研究，发现并确定两个普适常数。

（2）茹厄勒-塔根司（准周期）道路

茹厄勒（D. Ruelle，1971）和塔根斯（F. Takens，1978），法国著名科

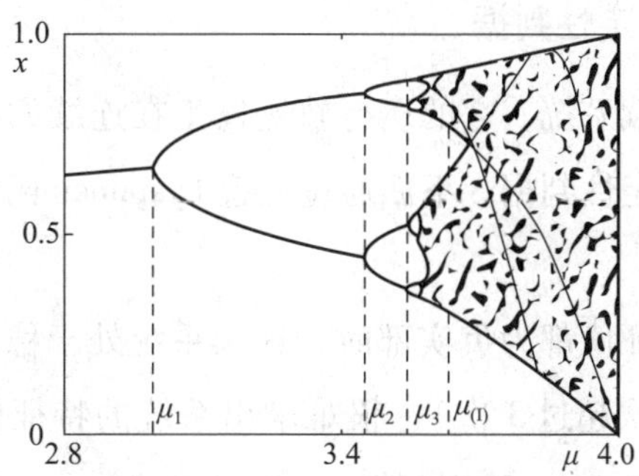

图 2-2 Logistic 模型演化过程

学家，提出准周期也是通向混沌的一条道路。因此，准周期道路又称茹厄勒-塔根斯道路。当流体系统发生湍流时，系统内不同频率的振荡互相耦合时，系统就会产生一系列新的耦合频率的振荡，从而导致混沌。其混沌过程为：随着参数的变化，系统由平衡点到极限环，然后极限环分岔为二维环面，继而再次分岔到三维环面进入混沌。菇厄勒和塔根斯分别用实验证明，在三次分岔后规则运动变得极度不稳定从而进入混沌。他们认为二维环面上的准周期运动，可能会直接失去稳定到达混沌。

（3）阵发性通向混沌（Pomeau - Manneville 道路）

Pomeau 和 Manneville 于 1980 年提出阵发性通向混沌道路。它在通向混沌道路上系统会出现规则行为不规则行为的随机交替现象。

（4）Hopf 分岔通向混沌（Ruelle - Takens - Newhouse 道路）

它是反映非线性耦合系统所造成的节律变化。一般情况下，一种规则的运动状态最多经过 3 次 Hopf 分岔就能够演化为混沌运动状态。

2.1.3 系统稳定性判据

系统可以分为连续系统和离散系统，下面各章节中所讨论的风险规避型供应链的博弈决策都是发生在离散时间周期内。离散系统稳定性的判定需要借助一定的方法。为了得到离散系统的稳定性判据，先介绍连续系统的稳定性判据。

1. 连续系统稳定性判据

对于复杂的连续系统，它的运行轨迹发生在连续的时间内，可以运用连续系统的劳斯稳定性判据。下面通过构造 Lyapunov 函数来对连续系统的稳定性进行判断。

特征方程的特征值都为负实部时，连续系统处于稳定状态。但是，对于复杂的系统（阶次超过 3 次），很难求出系统的特征值。基于这样一种需求产生了劳斯（Routh）稳定判据。

假设系统的特征方程式为

$$a_0\lambda^n + a_1\lambda^{n-1} + \cdots + a_{n-1}\lambda^n + a_n = 0 \tag{2-8}$$

其中，$a_0>0$，作 Routh – Hurwitz 行列式：

$$\Delta_1 = a_1,\ \Delta_2 = \begin{vmatrix} a_1 & a_0 \\ a_3 & a_2 \end{vmatrix},\ \Delta_3 = \begin{vmatrix} a_1 & a_0 & 0 \\ a_3 & a_2 & a_1 \\ a_5 & a_4 & a_3 \end{vmatrix},\ \cdots$$

$$\Delta_n = \begin{vmatrix} a_1 & a_0 & 0 & 0 & 0 & \cdots & 0 \\ a_1 & a_1 & a_1 & a_1 & 0 & \cdots & 0 \\ a_1 & a_1 & a_1 & a_1 & a_1 & \cdots & 0 \\ \cdots & \cdots & \cdots & \cdots & \cdots & \cdots & \cdots \\ a_{2n-1} & a_{2n-2} & a_{2n-3} & a_{2n-4} & a_{2n-5} & \cdots & a_n \end{vmatrix} = a_n\Delta_{n-1}$$

当 $i>n$，规定$a_i=0$，如果$\Delta_1>0$，$\Delta_2>0$，$\Delta_3>0$，…，$\Delta_{n-1}>0$，$\Delta_n>0$ 同时满足，特征方程的一切根的实部为负，则连续系统处于稳定状态。

2. 离散系统稳定性判据

连续系统的劳斯（Routh）判据是判断系统的特征根是否在左半 s 平面来得到系统的稳定性，而离散系统的特征根的模全部小于 1，即 z 平面的单位圆内，系统是稳定的。因此劳斯（Routh）判据不能直接用来判断离散系统的稳定性，需要引入一种线性变换完成从 z 域到 s 域的转换，才能将劳斯判据用来判断离散系统的稳定性。朱利（Jury）判据是离散系统稳定性的一个判据，首先计算出系统的特征方程式，如下式所示：

$$D(\lambda)=a_0+a_1\lambda+\cdots+a_{n-1}\lambda^{n-1}+a_n\lambda^n=0 \tag{2-9}$$

根据特征方程式的系数得到朱利（Jury）表

$$\begin{array}{ccccccccc}
\lambda^0 & \lambda^1 & \lambda^2 & \lambda^3 & \cdots & \lambda^{n-k} & \cdots & \lambda^{n-1} & \lambda^n \\
a_0 & a_1 & a_2 & a_3 & \cdots & a_{n-k} & \cdots & a_{n-1} & a_n \\
a_n & a_{n-1} & a_{n-2} & a_{n-3} & \cdots & a_k & \cdots & a_1 & a_0 \\
b_0 & b_1 & b_2 & b_3 & \cdots & b_{n-k} & \cdots & b_{n-1} & \\
b_{n-1} & b_{n-2} & b_{n-3} & b_{n-4} & \cdots & b_{k-1} & \cdots & b_0 & \\
c_0 & c_1 & c_2 & c_3 & \cdots & c_{n-2} & & & \\
c_{n-2} & c_{n-3} & c_{n-4} & c_{n-5} & \cdots & c_0 & & & \\
\cdots & \cdots & \cdots & \cdots & & & & & \\
p_0 & p_1 & p_2 & p_3 & & & & & \\
p_3 & p_2 & p_1 & p_0 & & & & & \\
q_0 & q_1 & q_2 & & & & & &
\end{array}$$

其中，$b_k=\begin{vmatrix} a_0 & a_{n-k} \\ a_n & a_k \end{vmatrix}$，$k=0，1，2，\cdots，n-1$

$$c_k=\begin{vmatrix} b_0 & b_{n-1-k} \\ b_{n-1} & b_k \end{vmatrix}，k=0，1，2，\cdots，n-2$$

$$d_k=\begin{vmatrix} c_0 & c_{n-2-k} \\ c_{n-2} & c_k \end{vmatrix}，k=0，1，2，\cdots，n-3$$

…

$$q_0=\begin{vmatrix} p_0 & p_3 \\ p_3 & p_0 \end{vmatrix}$$

$$q_1=\begin{vmatrix} p_0 & p_2 \\ p_3 & p_1 \end{vmatrix}$$

$$q_2=\begin{vmatrix} p_0 & p_1 \\ p_3 & p_2 \end{vmatrix}$$

通过计算可以求得朱利（Jury）表中的 $2n-3$ 行 $n+1$ 列个元素，则满足下列三个条件时离散系统是稳定的。

(1) $D(1)=D(m)|_{m=1}>0.$

(2) $(-1)^n D(-1)=(-1)D(m)|_{m=1}>0.$

(3) $n-1$ 个约束条件：

$|a_0|<a_n, |b_0|>|b_{n-1}|, |c_0|>|c_{n-2}|, \cdots, |p_0|>|p_3|, |q_0|>|q_2|.$

上面三个条件是离散系统稳定的充分必要条件，任何一条不满足，离散系统就不稳定。以下章节中系统的稳定域均是根据朱利（Jury）判据得到。

2.1.4 经济系统混沌控制方法介绍

混沌现象具有确定性、非线性、非常复杂且具有内在随机性的运动轨迹，对初值敏感性使其运动轨迹不可预测。要根据系统的特点对混沌现象加以控制：①混沌对于系统的运行有害时，可以加以控制；②混沌对于系统运作有利时，创造条件使之产生特定的混沌轨道。总之，我们要利用混沌运动自身的特性达到控制目的。狭义的混沌控制是指抑制混沌的发生，可以定义为：根据不同领域的实际需要，设法从多种多样非线性系统所产生的混沌行为中，任意挑选几处所需的周期信号，甚至非周期信号，并实现有效控制。目前，对于有害的混沌运动，我们要采取一定的控制方法抑制或消除混沌运动的发生。对于很多经济管理系统，混沌对系统的运行是有害的。所以，要根据系统自身的特性采用有效的方法抑制混沌。

目前，对混沌的控制主要通过以下两种方法：①通过对参数的修改实现对混沌系统的控制；②通过系统状态变量的修改来抑制混沌的发生。OGY 方法是最早用于抑制混沌发生的方法，Ditto，Rouseot 和 Span 通过实验验证了 OGY 方法的有效性和不足之处。Ott，Grebogi 与 Romeras，Daywansa 在 Ditto，Rouseot 和 Span 的基础上对 OGY 方法做了改进。许多学者相继提出了一系列混沌控制方法，如参数周期扰动法、周期激励法、OPF 控制法、连续反馈控制法、自适应控制法等。混沌的控制与经典的控制不同，混沌控制的共同特点是尽可能利用混沌运动自身的特性来达到控制目的。各种方法各有优缺点，对于不同的学科领域，应用角度不同，根据具体情况可以采用不同的控制方法抑制或控制混沌运动。从控制原理来看，混沌控制方法大体可分为反馈控制和无反馈控制两大类。反馈控制的各种方法所需反馈控制量的大小可以根据受控系统的状态调节，因而具有微扰较小的优点；但一般需要预先了解系统的运动状态或目标态的性质才能控制。无反馈控制法在实际控制中不需要预先知道系统的动力学性质，具有较强的可操作性；但是控制量较大，必须始终作用在系统上。

结合本书所使用的对经济系统的混沌控制方法，主要介绍以下四种控制方法。

1. 状态反馈和参数调整控制法

以离散系统为例来分析非线性动力系统的控制过程，系统如公式(2－10)。

$$x_{k+1}=f(x_k,\mu) \tag{2-10}$$

其中，$x_k\in R^n$，$k\in \mathbf{Z}$，$\mu\in \mathbf{R}$ 是分岔参数。受控系统为

$$x_{k+m}=\alpha f^m(x_k,\mu)+(1-\alpha)x_k \tag{2-11}$$

其中，$0<\alpha<1$，m 为某个正整数，$f^m(\cdot)$ 是映射 $f(\cdot)$ 的 m 次复合函数。选择适当的控制参数 α 可以控制给定周期轨道的稳定性，镇定混沌吸引子中的不稳定周期轨道。

在这里，考虑 $m=1$ 时系统（2－12）的稳定性控制条件，原系统在不动点处的线性化矩阵为：

$$J_1=\left.\frac{\partial f(x_k,\mu)}{\partial x_k}\right|_{x_k=x^*} \tag{2-12}$$

不动点 x^* 稳定的条件为：J_1 的所有特征值 $|\lambda_i|<1$，$i=1$，2，…，n。可以得到 x^* 稳定时分岔参数 μ 的取值范围。

系统（2－11）在 x^* 处的线性化矩阵为：

$$J_2=\alpha\left.\frac{\partial f(x_k,\mu)}{\partial x_k}+(1-\alpha)\right|_{x_k=x^*} \tag{2-13}$$

由于J_2 中引入了调节参数 α，只要选择适当的 α 值，就可以确保在失稳的不动点 μ 值范围内，可满足J_2 的所有特征值 $|\lambda_i|<1$，$i=1$，2，…，n；

从而使不动点在更大的参数范围内保持稳定，延迟分岔和混沌现象的发生。

2. 延迟反馈控制法

延迟反馈控制法的主要思想是让特定轨道的输出信号经过延迟时间后再输入系统中，作为延迟反馈控制的信号。延迟反馈控制的形式为：$F(t)=K[y(t-\tau)-y(t)]=KD(t)$，其中，$\tau$ 为延迟长度，K 为反馈控制因子。通过调节 K 和 $D(t)$，可以使系统的李雅普指数小于零，达到混沌控制的目的。当 $y(t-\tau)-y(t)=0$，则 $F(t)=0$，不稳定系统轨道变成稳定轨道，而且没有改变系统的均衡解。延迟反馈控制法简单易行，在本书的研究中用来对风险规避型供应链的博弈模型的混沌轨道进行控制，使用非线性控制方法对二维离散混沌系统进行混沌控制。下面考虑一般的离散混沌系统：

$$x_{k+1}=f(x_k)=\begin{bmatrix} f_1(x_1^{(k)},x_2^{(k)},\cdots,x_n^{(k)}) \\ f_2(x_1^{(k)},x_2^{(k)},\cdots,x_n^{(k)}) \\ \vdots \\ f_n(x_1^{(k)},x_2^{(k)},\cdots,x_n^{(k)}) \end{bmatrix} \tag{2-14}$$

状态变量为 $x_k=(x_1^{(k)},\ x_2^{(k)},\ \cdots x_n^{(k)})^T\in R^n$，非线性反馈控制为 $u(\varepsilon,x_n)=\varepsilon\prod_{i=1}^{p}(x_n-x_i)$。其中，$\varepsilon$ 为反馈系数，$\{x_i\}$ 为特定的不稳定周期轨道，p 为要控制的轨道数。被控制后的系统为：

$$x_{k+1}=f(x_k)=\begin{bmatrix} f_1(x_1^{(k)},x_2^{(k)},\cdots,x_n^{(k)})+\varepsilon\prod_{i=1}^{p}(x_n-x_i) \\ f_2(x_1^{(k)},x_2^{(k)},\cdots,x_n^{(k)}) \\ \vdots \\ f_n(x_1^{(k)},x_2^{(k)},\cdots,x_n^{(k)}) \end{bmatrix} \tag{2-15}$$

调整反馈系数 ε，可以将系统稳定在固定点或其他任意周期轨道上。

3. 变量反馈控制法

以离散动力系统为例，设原系统为：

$$\begin{cases} q_1(t+1)=f(q_1(t),q_2(t)) \\ q_2(t+1)=g(q_1(t),q_2(t)) \end{cases} \tag{2-16}$$

加入控制策略后受控系统为：

$$\begin{cases} q_1(t+1) = f(q_1(t), q_2(t)) - k\,q_1(t) \\ q_2(t+1) = g(q_1(t), q_2(t)) \end{cases} \tag{2-17}$$

k 的取值范围较大，为了使系统回到稳定状态，需要适当的选择 k 值。

4. 系统变量的脉冲反馈法

系统变量的脉冲反馈法由 Guemez 和 Matias 在 1993 年提出。这种方法的基本思想是当系统的控制参数不好确定或者不好找出时，改变系统变量来达到对离散系统映象和连续系统混沌的稳定控制。这种方法弥补了以上几种方法的不足，可以不受限制地改变系统变量。因为对于一个对初值敏感的混沌系统，有时候不好确定可调整的控制参数。下面将系统变量脉冲反馈法（PPSV，Proportional Pulses on System Variables）应用于离散系统的控制过程进行介绍。

$$x_{n+1} = f(x_n) \tag{2-18}$$

其中，$x \in R^N$，为系统的状态变量。若脉冲反馈的反馈律为 $g(x_n)$，反馈步长为 k，即每隔 k 次迭代，将 $g(x_n)$ 反馈到系统中去。一般地，$g(x_n)$ 采用变量比例反馈形式。

设 $g(x_n) = Bx_n$，$B = \mathrm{diag}[b_1,\ b_2,\ \cdots,\ b_n]$ 为 $N \times N$ 脉冲强度向量，那么，可以得到方程：

$$\begin{aligned} & x_{n+1} = f(x_n), n \neq m \cdot k, \\ & x_{n+1} = f(x_n), x_{n+1} = Bx_{n+1}, n = m \cdot k, \end{aligned} \tag{2-19}$$

其中，$m > 1$ 为自然数，选取适当的 B 和 k 就可以实现控制目的。

2.2 博弈理论

2.2.1 基本理论

字面意思上博弈论可以理解为来自游戏的理论，是应用数学的一个分支。博弈论最初起源于牌、赌博等游戏，主要研究棋牌类游戏中的胜负问题。从定义上看，博弈是在特定的条件和游戏规则下，博弈中的人或者组织从允许的策略中同时或者先后进行选择并加以实施的过程。1944 年，《对策论及其在经济领域中的应用》一书发表代表了博弈论真正作为理论发展起来，这本著作当时在经济、数学、社会领域引起了很大反响。后来博弈理论被广泛应用到多门学科中，作为一种有效的方法经常用于复杂网络系统和供应链系统的分析。

用博弈论研究复杂系统，主要是研究各主体或组成部分之间的相互影响。一方的条件和选择发生变化都会影响到其他主体和组成部分的选择，博弈方之间是有利益冲突的。在考虑对方选择的影响下，为了自身利益最大化参与者各自做出理智的决策。

1. 博弈的基本要素

一般博弈问题包括以下几个要素：

博弈的参与者（Players）：指在一场博弈或者竞赛中，能够独立进行决策并能独立承担博弈结果的博弈方。一次博弈至少有两个博弈方，如果有 n 个博弈方，则成为 n 人博弈。

博弈方的策略空间：每个博弈参与者可选择的策略集合。

博弈的顺序：博弈的参与者要做多次次序不同的博弈，所以博弈方要确定行动的次序。这样即使博弈的其他要素是相同的，也是不同的博弈，产生的结果往往有本质的不同。

博弈方的得失（Payoffs）：博弈结束时，每个博弈方通过收益函数或者赢利函数计算自己的得失，是博弈方所选定的策略的博弈效果。

博弈的信息（Information）：是指博弈参与者在决策时所获取的信息。

理性：理性人在博弈中会对所有的策略结果进行排序。在博弈过程中，根据其他博弈方的策略，选择能带来最高收益的策略。理性又分为完全理性和不完全理性，现实中，人不可能是完全理性的，大多处于完全理性和不完全理性之间。管理学家西蒙提出了“有限理性”的概念。他认为决策者会受到自身能力、外部环境和认知能力的影响，因而决策人表现出有限理性的机制。

均衡：表示系统中各决策方处于一种稳定状态。

目标：局中人所期望实现的结果，通常用局中人的目标函数表示，局中人通过策略选择来实现。

2. 博弈的类型

按照不同角度，博弈可以分成不同类别：根据博弈参加者是否合作，可将博弈分为合作博弈和非合作博弈；根据参加者决策是否具有先后顺序，可将博弈分为静态博弈和动态博弈。根据参加者对其他参与者的信息是否完全了解，可将博弈分为完全信息博弈和不完全信息博弈；同时还可以根据博弈次数、博弈时间等对博弈进行分类。表2－1归纳了博弈的主要类型，下面的这些分类都有其特定的意义。博弈结构差异对博弈的分析方法、分析过程和分析结果都有重要影响。

表2－1　博弈类型

分类依据	博弈类型
博弈方的数量	单人博弈、双人博弈、多人博弈
博弈方的策略数量	有限博弈、无限博弈
得失情况	零和博弈、常和博弈、变和博弈
博弈的过程	静态博弈、动态博弈、重复博弈
信息结构	完美信息博弈、不完美信息博弈
博弈方的理性	完全理性博弈、有限理性博弈
博弈方行为逻辑	合作博弈、非合作博弈

任何一个完整的博弈均包括四个要素：①局中人，即博弈的参加者，在博弈过程中独立决策、独立承担后果的个人和组织。局中人可能是自然人也可能是团体，如国家、企业，甚至是若干个国家组成的集团，如欧盟，北约。一般来说，博弈方的数量越多，博弈过程就会越复杂，博弈结果就越难预测。②博弈方的策略空间，策略空间是博弈方可选择策略的集合，每个策略都对应着一个博弈结果。③博弈顺序，博弈顺序是指博弈方进行博弈行动的次序，在相同博弈方、策略空间下，同时决策行动和先后决策行动，其结果往往有本质的变化，博弈次序对于博弈结果影响巨大。④博弈方的收益，收益是博弈结束后，各博弈方的“得失”。收益一般通

过收益函数计算得出，收益函数通常又称为赢利函数（或支付函数），是全体局中人所取定的一组策略的函数。

博弈按照不同角度可以分为合作博弈和非合作博弈；静态博弈和动态博弈；完全信息博弈和不完全信息博弈；完全信息静态博弈和不完全信息静态博弈；零和博弈、常和博弈和变和博弈、序贯博弈和重复博弈等类型。

（1）合作博弈、非合作博弈

按照博弈方之间是否进行合作，博弈可划分为合作博弈和非合作博弈。合作博弈是研究人们达成合作时如何分配共享收益。一般方法是参与人之间制定一个对各方具有约束力的协议，各参与人在协议范围内进行博弈，合作博弈强调的是收益分配问题。非合作博弈是研究各博弈方在利益相互影响的局势中以自己收益最大化进行决策的博弈，强调的是策略选择问题。本书中合作博弈的决策依据是各个节点企业均以风险规避型的供应链总收益最大化，非合作博弈的决策依据是各个节点企业以自己收益最大化。

（2）完全信息博弈、不完全信息博弈

按照博弈方对其他参与人的特征、策略空间、支付函数等方面的了解程度进行分类，博弈可划分为完全信息博弈和不完全信息博弈。完全信息博弈指在博弈过程中，每个参与人掌握所有其他参与人的特征、策略空间及支付函数的准确信息；反之，就是不完全信息博弈。

（3）静态博弈、动态博弈

按照博弈方的行动先后顺序进行分类，博弈可划分为静态博弈和动态博弈。静态博弈是在博弈过程中，博弈方同时选择行动，或者不同时但后行动者并不知道先行动者采取的具体行动。动态博弈指在博弈过程中，博弈方有主导者和跟随者，博弈方的行动有先后顺序。一般主导者先行动，跟随者后行为，且跟随者能够观察到主导者选择的行动，如 Stackelberg 博弈。

（4）零和博弈、常和博弈、变和博弈

按照收益情况划分，可划分为零和博弈、常和博弈、变和博弈。零和博弈指一方收益必然来自另一方的损失。因此，零和博弈的博弈方始终是对立关系。常和博弈指博弈各方都会有收益，但收益总和是一个固定的常数。变和博弈指各方博弈方的策略组合不同会有不同收益。

（5）序贯博弈、重复博弈

在动态博弈中，参与人前一个阶段的行动选择决定其后的博弈结构，即后一个博弈决策不同于前一个博弈决策。重复博弈是同样结构的博弈重复多次，其中，每次博弈称为阶段博弈。重复博弈的基本特征主要有三个：①前一阶段博弈不改变后一个阶段博弈的结构；②所有博弈参与方都能观测到过去博弈的历史；③参与方的总支付是所有阶段博弈支付的贴现值之和或者加权平均值。影响重复博弈均衡解的主要因素是信息的完备性和重复次数。

3. 纳什（Nash）均衡

在完全信息静态博弈中，在给定其他人策略的条件下，每个参与方选择自己的最优策略；当其他人不改变策略时，此时的策略是最好的，这种策略组合就是纳什均衡。此时如果改变策略将会导致收益降低。所以，在纳什均衡点，每一个理性的参与方都不会有单独改变策略的冲动。任何有限纯策略的二人博弈至少有一个均衡偶，即纳什均衡点。寻找均衡点的存在性相当于找到博弈模型的不动点。纳什均衡点是一种非常重要的分析手段，可以在一个博弈结构里寻找比较有意义的结果。但纳什均衡点局限于任何参与方不想单方面改变策略，而忽视了其他参与人改变策略的可能性。因此，纳什均衡点的结论在很多情况下缺乏说服力。纳什均衡是博弈论中最重要的一个概念。经济学中，博弈均衡是指使博弈的参与者都实现自身的最大利益，这意味着博弈各参与者对已有的市场平衡满意。所有参与者都不想也没有动力改变自己策略的状态。

下面给出纳什均衡的数学定义：

设 $G=\{S_1, \cdots, S_n; u_1, \cdots, u_n\}$ 表示一个对策，其中，包括 n 个局中人，S_1，…，S_n表示每个局中人可以选择的策略，u_1，…，u_n是各局中人的收益函数，如果存在一个策略组合S_1^*，…，S_n^*，$\exists S_i^*$，使S_1^*，…

S_{i-1}^*，S_{i+1}^*，$\cdots S_n^*$为最佳策略组合，称S_1^*，…，S_n^*为 G 的一个纳什均衡。

总之，博弈论的本质是通过数学和逻辑学的办法来分析日常生活中的竞争和矛盾。因此我们要深入研究这些规则和规律，从而使竞争最终按照预期运作。

2.2.2 经典的博弈模型

寡头垄断（Oligopoly）是现实经济运行中最常见的市场结构。其主要理论模型有古诺博弈、斯坦克尔伯格博弈和伯川德博弈。

1. 古诺模型（Cournot Model）

法国经济学家安东尼·奥古斯丁·库尔诺（又译为古诺）1938 年提出了古诺模型，也称为古诺双寡头模型（Cournot Duopoly Model）。在古诺研究的基础上，很多学者对市场中存在三个或三个以上的寡头厂商竞争的情况进行了研究。

古诺模型是在一定条件下进行研究的，主要包括以下几个方面：

（1）古诺模型考虑的是市场上只有两家生产厂商，且都是为了实现自身利润最大化，生产的产品是同质的。

（2）寡头生产商以决策变量进行博弈。每家厂商的产量都是对另外一方产量预期的函数，同一时期内，两个寡头同时决策，产量决策相互之间不会影响。

（3）生产商依据竞争者的上期决策信息确定自身的产量。

（4）生产成本均为零，每个寡头都能够准确地了解市场的需求曲线。

（5）需求函数是线性形式的。

古诺模型有一定的使用范围，但现实中的供应链博弈不能用古诺博弈进行分析，如现实中供应链的企业主体不能完全掌握对方信息，竞争者提供的产品不是同质的，这些影响因素导致古诺博弈的结果与现实情况大相径庭。现实中多数企业之间通过价格进行博弈，而古诺模型是针对产量进行博弈。为了使博弈更加贴近于现实情况，很多学者对古诺模型进行了改进。

2. 斯坦克尔伯格均衡（Stackelberg Equilibrium）

1934 年，德国经济学家 Stackelberg 提出了斯坦克尔伯格模型。模型假设市场中存在两大类参与方，一类处于主导地位，另一类处于顺从地位。处于领导地位的参与方先做出决策，处于跟随地位的参与者马上根据领导者的决策信息确定自己的策略。因此，领导参与者做决策时，也会考虑跟随参与者的决策结果。与古诺模型相比，斯坦克尔伯格模型有以下两点不同：

（1）古诺模型假设寡头厂商具有同等地位，斯坦克尔伯格模型假定厂商处于主从地位。

（2）古诺模型中寡头厂商具有同等规模，斯坦克尔伯格模型中跟随厂商的规模一般比较小。

斯坦克尔伯格模型正是针对如下市场现状提出的：跟随厂商规模比较小，他们的决策成本高。在这种情况下不具备决策优势，跟随领导厂商可以降低它的决策成本和风险。斯坦克尔伯格模型决策过程为：首先，为了实现自身利润最大化，领导者根据市场的情况和跟随者的情况制定自己的决策。其次，跟随者根据领导者的决策制定自己的决策。下面解释斯坦科尔伯格模型的博弈过程。

假设市场需求函数为：

$$p = a - bQ \tag{2-20}$$

其中，$Q = q_1 + q_2$，则可以得到生产商 1 的利润：

$$\pi_i = p\, q_i - c\, q_i \tag{2-21}$$

跟随生产商 2 的利润为：

$$\pi_2 = [a - b(q_1 + q_2)]q_2 - c_2\, q_2 \tag{2-22}$$

可以得到：

$$q_2^* = \frac{a - q_1 - c_2}{2b} \tag{2-23}$$

由于生产商 1 预料到生产商 2 根据q_1来确定自身的产量，可以计算出生产商 1 的最优产量：

$$q_1^* = \frac{a-2c_1-c_2}{2b} \tag{2-24}$$

假设$c_1=c_2$，均衡使双方的利润为：

$$\pi_1 = \frac{(a-c)^2}{8b}, \pi_2 = \frac{(a-c)^2}{16b} \tag{2-25}$$

在以制造商为主导的风险规避型供应链中，零售商为跟随者。零售商根据观察到的先动制造商的信息进行决策。

3. 伯川德模型

1883年，法国经济学家约瑟夫·贝特兰德（又译伯川德）提出了伯川德模型（Bertrand）。与古诺模型不同，伯川德模型以产品价格为决策变量，而不是产品产量。因此伯川德模型是关于价格竞争的模型。分析伯川德模型时作如下假设：

（1）寡头制造商生产同质产品，生产能力无限，并同时决策进行市场竞争；

（2）寡头制造商的生产成本是相同的；

（3）寡头制造商之间没有正式或非正式的串谋行为。

下面来分析伯川德模型均衡的形成过程。假定两个制造商 A 和 B，若 A 制定产品价格为p_a并能获得一个正的利润，这时 B 制定产品的价格p_b低于p_a，消费者只会选择购买 B 的产品，而厂商 A 的利润为零；同理，若 B 制定产品价格为p_b并能获得一个正的利润，这时 A 制定产品的价格p_a低于p_b，消费者只会选择购买 A 的产品，厂商 B 的利润为零。A 和 B 的产品价格最终确定为边际成本，这时如果制造商提价，没有利润；降价，定价会低于生产成本，同样无法盈利。通过分析得到一个结论，对于伯川德模型，定价低的制造商将会赢得市场的全部利润；经过长期博弈，产品的定价最终等于产品的边际成本，制造商的利润为零。这显然与现实中寡头竞争的情况不一致，这就是著名的“伯川德悖论”。出现这种情况与伯川德模型的假设条件有关：

（1）模型中对制造商的生产能力是没有限制的。如果制造商生产能力有限，市场需求部分不能得到满足，产品价格就会高于边际成本。

（2）制造商的产品是完全替代的。如果制造商生产的产品有差异，制造商之间就会避免直接价格竞争。

解开“伯川德悖论”的办法之一是引入产品的差异性。在产品存在差异的情况下，均衡价格就不会等于边际成本。下面考虑一种具有特殊的差异（空间上的差异）模型—经典的 Hotelling 模型。

4. Hotelling 模型

在经典的 Hotelling 中，产品是同质的，主要考虑产品在空间上的差异。决定顾客是否购买产品的主要原因是价格与运输成本。假定两个零售商 A 和 B 位于一个长度为 1 的线性城市的两端，即 A 位于 $x=0$ 处，B 位于 $x=1$ 处，所有的顾客都均匀地分布在［0，1］区间内。假定每个产品的边际成本和单位成本固定不变且为零，如果有零售商进入市场参与竞争，每个产品的边际成本和单位成本固定不变且为零。c 为每个顾客购买产品的距离成本，顾客购买产品的运输成本与厂商的距离成比例。显然，处于 x 位置的消费者在 A 处购买时的运输成本为 cx，如果该消费者在 B 处购买，则运输成本为 $c(1-x)$。

假定两个销售商同时确定自己的销售价格（p_1，p_2）。当处于 x 位置的消费者购买两种产品无差异时，则处在 x 左侧的消费者将在 A 处购买，x 右侧的消费者将在 B 处购买，则 x 处满足：$p_1+cx=p_2+c(1-x)$。通过计算可以得到需求函数：

$$
\begin{aligned}
D_1(p_1,p_2) &= x = \frac{p_2-p_1+c}{2c} \\
D_2(p_1,p_2) &= 1-x = \frac{p_1-p_2+c}{2c}
\end{aligned}
\tag{2-26}
$$

根据公式（2－26）可以得到两个销售商的利润函数。对利润函数求一阶导数，同时判断二阶导数满足的条件即可得到两个销售商的价格。

由于 Hotelling 模型广泛应用于产品差异化竞争的分析，本书将 Hotelling 模型应用于供应链中，研究概率销售情况下的制造商和零售商的行为特征。

5. 博弈论在供应链中的应用

供应链中各节点企业间天然的博弈关系表现在：各企业以个人理性为研究出发点，符合博弈各方经济理性的假设；供应链中各节点企业间存在相互影响和相互依赖的关系，每个节点企业的决策行为会影响其他企业的决策，说明各企业间的关系具有博弈行为；博弈论的很多结论与供应链中企业之间的合作关系和管理方式等理念极为相似，如“纵向一体化”概念。应用博弈论的思想找出供应链的主要问题和约束条件，建立供应链博弈模型已成为应用最为广泛的工具和手段。

本书中主要涉及的博弈问题是竞争的零售商之间的博弈，制造商与零售商之间的博弈。一般情况下，供应链中各节点企业间的博弈问题通过三步来进行描述：

（1）将供应链问题用博弈模型表达出来。供应链中涉及的企业比较多，与企业利益相关的因素很多且相互制约。对供应链问题进行假设或简化，找出与企业利益相关的主要问题，并用博弈模型将供应链的主要问题描述出来。

（2）找出博弈模型的博弈结果。结合实际条件，用博弈论思想或者数学工具对供应链博弈模型进行求解，得出供应链模型的均衡解（博弈结果），结合实际情况对博弈结果进行分析。

（3）将博弈结果与第一步中所描述的供应链主要问题等信息结合起来进行分析。如果博弈结果与所描述的供应链主要问题发生冲突，说明第一步中建立的模型不合适，需要重新审视第一步所建立的博弈模型并做出修改。

很多学者将经典的博弈模型进行了扩展并运用到供应链建模中。Li 和 Li（同一姓氏）研究了一个关于零售服务和公平关切下双渠道供应链均衡问题。Snyder 等研究了连续时间动态古诺调整模型。Ahmed 等研究了一个动态伯川德寡头模型，有限理性公司没有采用梯度调整机制对价格进行调整。Wu 和 Gorder 研究了动态多主体多阶层离散主从博弈。Yu 和 Yu（同一姓氏）主要研究了贝叶斯博弈的动态行为。这些学者从不同角度、不同领域对博弈模型进行了扩展，丰富了博弈模型的内容。

2.3 概率销售

2.3.1 概率产品

2008 年，Fay 和 Xie 提出了概率产品的概念。可用一个例子简单说明概率产品，如某个商家销售黑色和红色两种颜色的毛衣。当消费者自己挑选颜色进行购买，这是传统的销售模式；当消费者自己不选择，而由商家以一定的概率选择一种颜色的毛衣给消费者，此时消费者得到的是一种概率产品，可能是黑色毛衣也可能是红色毛衣。消费者实际上是购买了一个得到一种产品的机会，并没有新产品产生，概率产品是一种虚拟产品。

2.3.2 概率销售

Fay 和 Xie 给出了概率销售定义：所谓的概率销售（Probabilistic Selling：PS），是一种新型的销售策略（Selling Strategy），销售商向潜在购买者提供概率产品的购买选择。概率销售是通过设计一种售卖规则，把具有消费偏好的消费者挖掘出来，从而增加产品或服务需求。它并没有增加实质性产品或服务，只是在原有的产品销售或服务的基础上进行不确定的销售活动，提供给消费者一个带有条件的选择机会。

2.3.3 经销商行为

假定一个零售商或者制造商只提供两种可替代产品（产品 1 和产品 2），制造商或零售商有两种销售策略可以选择：传统销售（Traditional Selling，TS）和概率销售（Probabilistic Selling，PS）。在传统销售策略下，两种产品的售价为p_1，p_2；在概率销售策略下，每件产品的售价为p_p，经销商需要设定每种产品成为概率产品的概率 φ，且 $\varphi \in [0, 1]$。

2.3.4 消费者行为

用Hotelling模型来分析消费者行为。假定消费者从购买产品1或2中得到的效用值为v，相应的距离成本系数为c。假定消费者购买且仅购买一件商品，则消费者位于x处时购买两种产品获得的效用分别为：

$$\begin{cases} v_1 = v - cx - p_1 \\ v_2 = v - (1-c)x - p_2 \end{cases} \tag{2-27}$$

购买概率产品所获得的效用为：

$$v_p = \varphi(v - cx) + (1-\varphi)v - c(1-x)(1-\varphi) - p_p \tag{2-28}$$

2.3.5 最优策略

假定在传统销售策略下顾客对两种产品需求为D_1，D_2，概率销售策略下顾客对概率产品的需求为D_p，则可以得到两种销售策略下的收益函数：

$$\begin{cases} \Pi_{TS} = p_1 D_1 + p_2 D_2 \\ \Pi_{PS} = p_1 D_1 + p_2 D_2 + p_p D_p \end{cases} \tag{2-29}$$

在不同的销售策略下，制造商或零售商可以制定最优定价来实现利润最大化。Fay和Xie通过大量的实验数据和模型的数理论证指出，概率销售是一种新型的销售手段策略，可以由制造商或者销售者直接参与，以不同的商业运作模式运用在不同的行业中。基于消费者对产品的偏好强度的不同，概率销售具有实现价格歧视、细分和扩大市场，平衡市场供求矛盾等方面的优势。

2.4 本章小结

本章首先对动力系统的基础理论，混沌的定义和特征，混沌控制方法进行了概述。其次对博弈的基本理论以及经典的博弈模型进行了论述。之后对概率销售理论进行了介绍，包括概率产品和概率销售定义，经销商行为和消费者行为。最后给出了概率销售策略下的最优策略。

第 3 章

风险规避型供应链产量博弈模型的复杂性研究

在复杂的市场环境下，面对顾客多样化需求，产业内零售商既相互竞争又相互合作。近年来关于零售商进行产量博弈的动力学分析越来越多，有基于不同预期的产量博弈模型，也有成本函数和需求函数为线性和非线性的博弈模型。然而，面对市场的不确定性，越来越多的零售商既关心市场的稳定性，又关心损失最小化，表现出风险规避行为。本章正是在此背景下，建立了具有风险规避行为的三寡头零售商古诺产量博弈模型，并对有限理性预期下的动态决策过程及其复杂性进行了研究。

3.1 问题描述与模型构建

本章研究对象为由三个风险规避行为的零售商组成的两级供应链，供应链的结构如图 3 -1 所示：

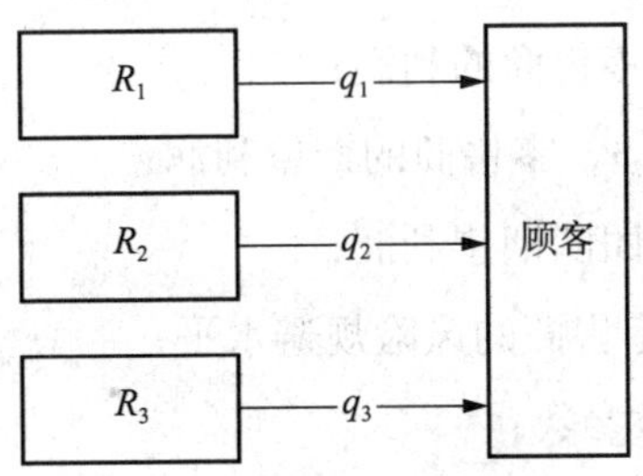

图 3 -1　风险规避型供应链结构

3.1.1 模型假设

假设1：三个零售商向顾客销售三种具有替代性产品，其竞争规则符合古诺产量竞争模型。零售商为有限理性，不能完全掌握市场信息。

假设2：三种产品的不确定性需求具有相同的均值和方差。

假设3：不考虑三个零售商的产品购买成本和销售成本。

假设4：有限理性零售商根据本期的边际利润做决策；会根据当期的边际利润情况决定下一期价格调整的方向，以获得更大的竞争优势。

假设5：风险规避型零售商的效用函数用平均—方差方法进行度量。

3.1.2 符号说明

R_i，$i=1$，2，3 三个零售商；

ω，三种产品的市场需求量；

$\bar{\omega}$，产品市场需求量的均值；

σ_i，$i=1$，2，3，产品市场需求量的方差；

a_i，$i=1$，2，3，产品的价格弹性；

b_i，$i=1$，2，3，产品的价格弹性；

p_i，$i=1$，2，3，产品的价格；

q_i，$i=1$，2，3，产品的产量；

$q_i^{\gamma *}$，$i=1$，2，3，$y=D$，T 不同决策下的纳什均衡值；

π_i，$i=1$，2，3，零售商的利润；

$E_{U_i}(t)$，i=1，2，3，零售商的期望利润；

$E_{U_t}(t)$，零售商的团队期望利润；

t_i，$i=1$，2，3，零售商的风险规避水平；

γ，η，产品的权重参数；

上标y^*，$y=D$，T 离散决策和团队决策。

3.1.3 模型构建

根据前面的假设，零售商之间的产量竞争符合古诺博弈模型，公式

（3-1）给出了三个零售商的反需求函数：

$$\begin{cases} p_1(t)=\omega-q_1(t)-a_1q_2(t)-b_1q_3(t) \\ p_2(t)=\omega-q_2(t)-a_2q_1(t)-b_2q_3(t) \\ p_3(t)=\omega-q_3(t)-a_3q_2(t)-b_3q_1(t) \end{cases} \tag{3-1}$$

在决策和风险理论领域，指数效用函数通常用来表示零售商的利润 $U(\pi_i=-e^{-\pi_i/t_i})$。故可以用下式来表示零售商的效用函数：

$$E_{U_i}=E(\pi_i)-\frac{Var(\pi_i)}{2t_i},i=1,2,3 \tag{3-2}$$

根据公式（3-2），得到在 t 周期每个零售商的期望利润：

$$\begin{cases} E_{U_1}(t)=(\overline{\omega}-q_1(t)-a_1q_2(t)-b_1q_3(t))q_1(t)-\dfrac{q_1(t)^2\sigma_1^2}{2t_1} \\ E_{U_2}(t)=(\overline{\omega}-q_2(t)-a_2q_1(t)-b_2q_3(t))q_2(t)-\dfrac{q_2(t)^2\sigma_2^2}{2t_2} \\ E_{U_3}(t)=(\overline{\omega}-q_3(t)-a_3q_2(t)-b_3q_1(t))q_3(t)-\dfrac{q_3(t)^2\sigma_3^2}{2t_3} \end{cases} \tag{3-3}$$

然而，在复杂的外部环境下，零售商的决策是一个长期复杂的过程，不是一次博弈就能调整到最佳状态，之间的产量竞争是一个长期的、不断重复的动态过程。零售商的目标不仅要求利润最大化，还要求有较高的系统稳定性。为了长期发展，零售商可以组成团队与竞争者进行竞争。本章中，将在离散决策和团队决策下建立动态产量调整模型研究系统的稳定性。

3.2 离散决策下产量博弈模型的复杂性分析

在离散博弈策略下，三个零售商以利润最大化为目标分别进行决策。现实中，零售商获取的市场信息是有限的，这是因为获取更多的信息往往需要投入更多的成本。由于竞争者主观保护信息，零售商很难获得完全信息。传统的静态博弈模型过高地估计了零售商对产量的预测能力；同时，零售商的产量决策过程也并不是完全理性的。所以，本章假设进行产量决策时，零售商采用有限理性预期。零售商下一期的产量决策是基于其期望边际利润的一个局域估计，也就是说为了自身的利润最大化，零售商 $t+1$ 期的产量取决于竞争对手和自身的产量。三个零售商最优的边际利润可以通过对公式（3-3）求一阶偏导得到：

$$\begin{cases}\dfrac{\partial E_{U_1}(t)}{\partial q_1(t)}=\overline{\omega}-2\,q_1(t)-a_1\,q_2(t)-b_1\,q_3(t)-\dfrac{q_1(t)\sigma_1^2}{t_1}\\ \dfrac{\partial E_{U_2}(t)}{\partial q_2(t)}=\overline{\omega}-2\,q_2(t)-a_2\,q_1(t)-b_2\,q_3(t)-\dfrac{q_2(t)\sigma_2^2}{t_2}\\ \dfrac{\partial E_{U_3}(t)}{\partial q_3(t)}=\overline{\omega}-2\,q_3(t)-a_3q_2(t)-b_3q_1(t)-\dfrac{q_3(t)\sigma_3^2}{t_3}\end{cases}\tag{3-4}$$

基于有限理性预期的零售商产量博弈离散动力系统可以表示为：

$$\begin{cases}q_1(t+1)=q_1(t)+k_1\,q_1(t)\dfrac{\partial E_{U_1}(t)}{\partial q_1(t)}\\ q_2(t+1)=q_2(t)+k_2\,q_2(t)\dfrac{\partial E_{U_2}(t)}{\partial q_2(t)}\\ q_3(t+1)=q_3(t)+k_3q_3(t)\dfrac{\partial E_{U_3}(t)}{\partial q_3(t)}\end{cases}\tag{3-5}$$

其中，$k_i>0$，$i=1$，2，3，代表零售商的产量调整速度。零售商为了达到自己的经营目的，会不断调整产量速度 k_i 而获取更大的竞争优势。

3.2.1 市场的均衡点及局部稳定性分析

1. 均衡点

设 $q_i(t+1)=q_i(t)$，$i=1$，2，3，可以得到：

$$\begin{cases}\overline{\omega}-2\,q_1(t)-a_1\,q_2(t)-b_1\,q_3(t)-\dfrac{q_1(t)\sigma_1^2}{t_1}=0\\ \overline{\omega}-2\,q_2(t)-a_2\,q_1(t)-b_2\,q_3(t)-\dfrac{q_2(t)\sigma_2^2}{t_2}=0\\ \overline{\omega}-2\,q_3(t)-a_3q_2(t)-b_3q_1(t)-\dfrac{q_3(t)\sigma_3^2}{t_3}=0\end{cases}\tag{3-6}$$

通过公式（3 -6），计算出系统（3 -5）的四个均衡点为：

$$E_1=\left(\frac{\bar{\omega}t_1[t_2(-2+a_1)-\sigma_2^2]}{t_1[-2\sigma_2^2+t_2(-4+a_1a_2)]-\sigma_1^2(2t_2+\sigma_2^2)},\frac{\bar{\omega}t_2[t_1(-2+a_2)-\sigma_1^2]}{t_1[-2\sigma_2^2+t_2(-4+a_1a_2)]-\sigma_1^2(2t_2+\sigma_2^2)},0\right)$$

$$E_2=\left(\frac{\bar{\omega}t_1[t_3(-2+b_1)-\sigma_3^2]}{t_1[-2\sigma_3^2+t_3(-4+b_1b_2)]-\sigma_1^2(2t_3+\sigma_3^2)},0,\frac{\bar{\omega}t_3[t_1(-2+b_3)-\sigma_1^2]}{t_1[-2\sigma_3^2+t_3(-4+b_1b_2)]-\sigma_1^2(2t_3+\sigma_3^2)}\right)$$

$$E_3=\left(0,\frac{\bar{\omega}t_2[t_3(-2+b_2)-\sigma_3^2]}{t_2[-2\sigma_3^2+t_3(-4+a_3b_2)]-\sigma_2^2(2t_3+\sigma_3^2)},\frac{\bar{\omega}t_3[t_3(-2+a_3)-\sigma_2^2]}{t_2[-2\sigma_3^2+t_3(-4+a_3b_2)]-\sigma_2^2(2t_3+\sigma_3^2)}\right)$$

$$E_4=(q_1^{D*},q_2^{D*},q_3^{D*})$$

其中，

$$q_1^{D*}=\frac{\bar{w}t_1[\sigma_2^2\sigma_3^2+2t_2t_3(2-b_1)+\sigma_2^2t_3(2-\bar{w})+a_1t_2t_3(b_2-2)+a_3t_2t_3(b_1-b_2)]}{t_1t_2\sigma_3^2(4-a_1a_2)+2\sigma_1^2(\sigma_2^2t_3+\sigma_3^2t_2)+\sigma_2^2\sigma_3^2(2t_1+\sigma_1^2)+t_1t_2t_3M+N}$$

$$q_2^{D*}=\frac{\bar{w}t_2[\sigma_1^2\sigma_3^2+2t_1t_3(2-a_2)+\sigma_1^2t_3(2-b_2)+\sigma_3^2t_1(2-a_2)+t_1t_3(a_2b_1-2b_2)+b_3t_1t_3(b_2-b_1)]}{t_1t_2\sigma_3^2(4-a_1a_2)+2\sigma_1^2(\sigma_2^2t_3+\sigma_3^2t_2)+\sigma_2^2\sigma_3^2(2t_1+\sigma_1^2)+t_1t_2t_3M+N}$$

$$q_3^{D*}=\frac{\bar{w}t_3[\sigma_1^2\sigma_2^2+2t_1t_2(2-b_3)+\sigma_1^2t_2(2-a_3)+\sigma_2^2t_1(2-b_3)+b_3t_1t_2(a_1-2)+a_2t_1t_2(a_3-a_1)]}{t_1t_2\sigma_3^2(4-a_1a_2)+2\sigma_1^2(\sigma_2^2t_3+\sigma_3^2t_2)+\sigma_2^2\sigma_3^2(2t_1+\sigma_1^2)+t_1t_2t_3M+N}$$

$$M=8+a_2a_3b_1+a_1b_2b_3-2a_1a_2-2a_3b_2-2b_1b_3$$

$$N=t_2t_3\sigma_1^2(4-a_3b_2)+t_1t_3\sigma_2^2(4-b_1b_3)$$

2. 稳定性分析

根据零售商竞争的现实情况，四个均衡点均为非负时才有特定的经济学意义。所以，E_1，E_2，E_3为有界均衡点，E_4为系统的纳什均衡点。从经济学角度只对纳什均衡点$E_4=(q_1^{D*},q_2^{D*},q_3^{D*})$进行研究。

纳什均衡点的局部稳定性是由其雅可比矩阵的特征值的性质决定的。为了研究固定点的稳定性，首先给出状态变量（q_1，q_2，q_3）的雅可比矩阵：

$$J(q_1,q_2,q_3)=\begin{pmatrix} u^* & -k_1a_1q_1 & -k_1b_1q_1 \\ -k_2a_2q_2 & u^{**} & -k_2b_2q_2 \\ -k_3b_3q_3 & -k_3a_3q_3 & u^{***} \end{pmatrix} \tag{3-7}$$

其中，$u^*=1+k_1q_1\left(-2-\frac{\sigma_1^2}{t_1}\right)+k_1\left(\overline{\omega}-2q_1-a_1q_2-b_1q_3-\frac{q_1\sigma_1^2}{t_1}\right)$

$$u^{**}=1+k_2q_2\left(-2-\frac{\sigma_2^2}{t_2}\right)+k_2\left(\overline{\omega}-2q_2-a_2q_1-b_2q_3-\frac{q_2\sigma_2^2}{t_2}\right)$$

$$u^{***}=1+k_3q_3\left(-2-\frac{\sigma_3^2}{t_3}\right)+k_3\left(\overline{\omega}-2q_3-a_3q_2-b_3q_1-\frac{q_3\sigma_3^2}{t_3}\right)$$

很难计算出纳什均衡点特征值的表达式，根据 Routh - Hurwiz 稳定性判断条件，可以估计出系统（3-5）的稳定性。

根据市场实际竞争情况，为参数赋值$\overline{\omega}=100$，$a_1=0.4$，$a_2=0.4$，$a_3=0.4$，$\beta_1=0.4$，$\beta_2=0.4$，$\beta_3=0.4$，$\sigma_1=8$，$\sigma_2=8$，$\sigma_3=8$，$t_1=50$，$t_2=60$，$t_3=70$。系统（3-5）的纳什均衡值$E_4=(q_1^{D*},\ q_2^{D*},\ q_3^{D*})=$（23.98，25.9，27.47）。可以得到纳什均衡点的雅可比矩阵的特征多项式：

$$f(\lambda)=\lambda^3-A\lambda^2-B\lambda-C, \tag{3-8}$$

其中，$A=3-78.65k_1-79.42k_2-80.05k_3$，$B=-3+157.31k_1+158.84k_2-6147.39k_1k_2+160.1k_3-6190.75k_1k_3-6243.74k_2k_3$，$C=1-78.65k_1-79.42k_2+6147.39k_1k_2-80.05k_3+6190.75k_1k_3+6243.74k_2k_3-476952k_1k_2k_3$。

纳什均衡点局部稳定的充分必要条件为：

$$\begin{cases} f(1)=1-A-B-C>0 \\ f(-1)=-1-A+B-C<0 \\ |(C^2-A^2)^2-(AC-B)^2|>|(BC-A)(C^2-AC+B-1)| \\ |C^2-1|>|AC-B| \\ |C|<1 \end{cases} \tag{3-9}$$

条件（3-9）给出了系统（3-5）在纳什均衡点稳定性的充分必要条件。在稳定域内，零售商的产量经过有限次的博弈之后最终稳定在纳什均衡点，跟产量的初始值无关。值得注意的是，为了获得利润的最大化，三个零售商会加快产量调整速度。一旦产量调整速度冲出稳定范围，纳什均衡点的稳定性将被打破，分岔甚至混沌行为将发生。

为便于理解系统（3－5）的纳什均衡点与各个参数之间稳定性的关系，根据Jury判据条件（3－9），图3－2给出了纳什均衡点关于产量调整速度k_1，k_2，k_3和k_1，k_3的稳定域。当产量调整速度的取值在稳定域内时，当初始产量值在一定范围内时，经过有限次博弈后，系统都会稳定在纳什均衡点上。

为了增加利润零售商不断地对产量进行调整，产量的调整速度不会改变纳什均衡值的大小，但会改变纳什均值点的稳定性。如果三个零售商的任何产量调整速度过快且超出稳定区域，系统就会变得不稳定，最后陷入混沌状态。为了更好地理解市场竞争的动力学特征，应用Matlab软件，对三维离散动力系统（3－5）的动态演化博弈过程进行数值仿真。

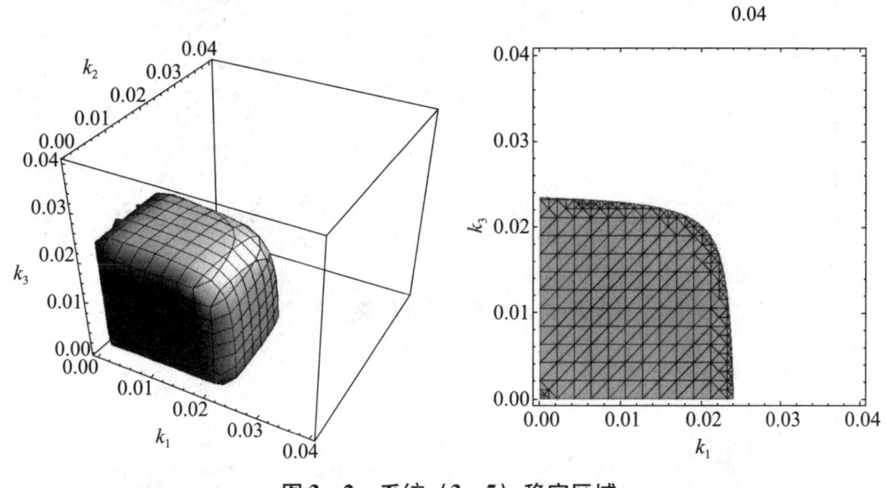

图3－2 系统（3－5）稳定区域

3.2.2 产量调整速度对系统行为的影响

图3－3是固定$k_2=0.02$，$k_3=0.02$时，系统（3－5）随着产量调整速度k_1变化的产量分岔。可以看出，产量调整速度k_1对于零售商产量决策有重要的影响。当$k_1<0.02$时，系统（3－5）处于稳定状态；当$k_1=0.02$，系统（3－5）发生第一次分岔；随着k_1的增加，系统（3－5）通过倍周期

分岔进入混沌状态。图 3-4 是系统（3-5）相应的产量调整参数变化的最大李雅普诺夫指数图（Largest Lyapunov Exponents），最大李雅普诺夫指数证实了系统的演化过程。李雅普诺夫指数表示系统变量随着时间变化而运行的分离程度，也可以用来表征系统是否混沌，也就是说，从同一时间出发的两个点，如果初始值存在细小差异，随着时间的推移系统在相空间内两点的距离是否做指数分离（发散和收敛）。当系统处于稳定状态时，系统的最大李雅普诺夫指数小于零。当系统进入混沌状态时，系统的最大李雅普诺夫指数大于零。

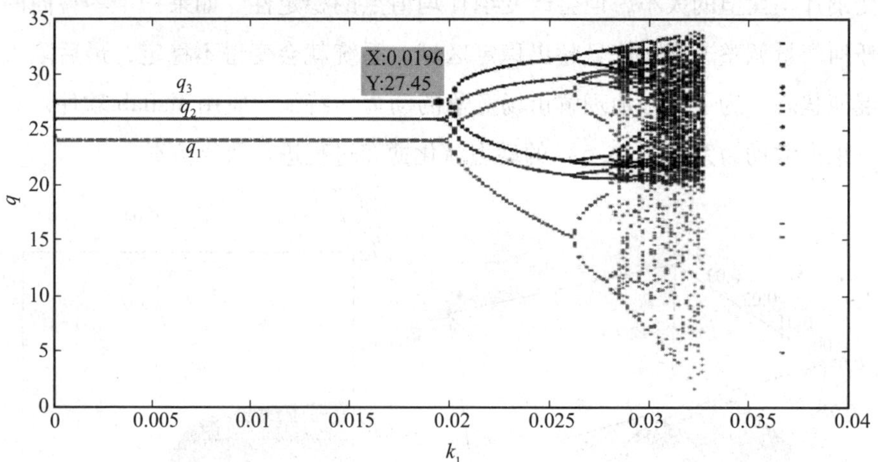

图 3-3　系统（3-5）随着 k_1 变化的产量分岔

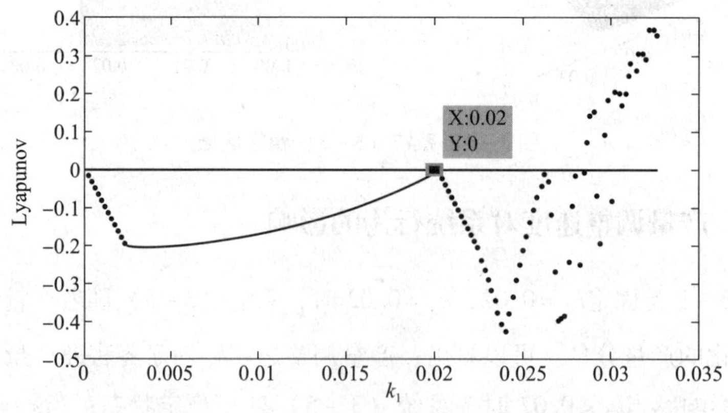

图 3-4　系统（3-5）随着参数 k_1 变化的最大 Lyapunov 指数

表征系统处于混沌状态的另外一个特征是系统是否存在混沌吸引子。图3-5给出了系统（3-5）处于不同状态时的吸引子。系统处于混沌状态具有有界性和遍历性特征。从图3-5（d）可以看出，当系统（3-5）处于混沌状态时，其运动轨迹处于一种看似随机而又确定性的轨道上，总是被“吸引”在一定的区域内，体现了混沌有界性特征；而在这个确定的区域内，系统的运动会遍历到每一个点，体现了混沌遍历性特征。

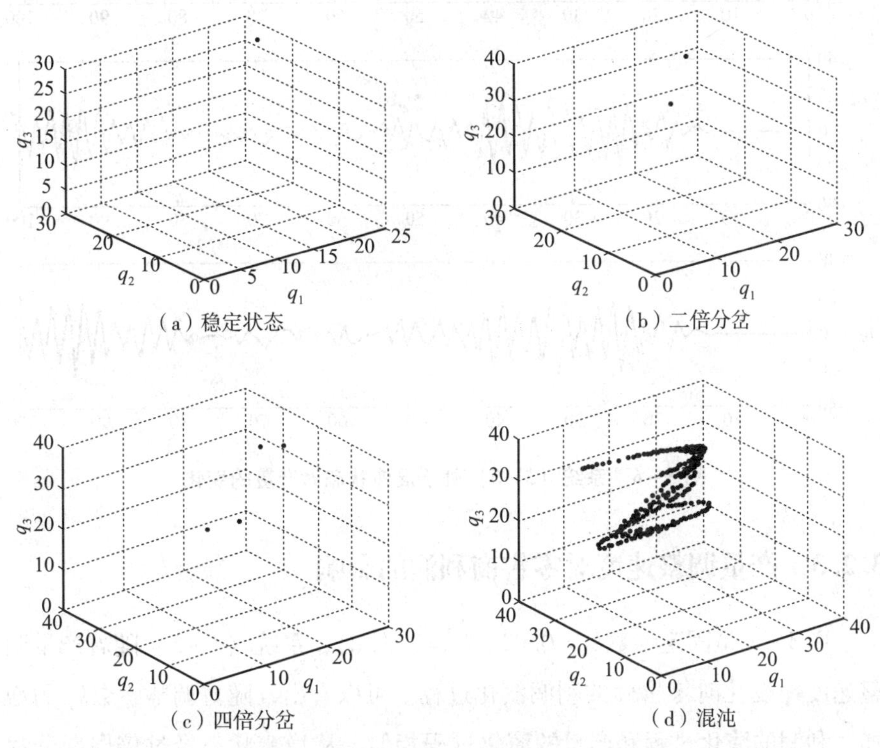

图3-5　系统（3-5）处于不同状态的吸引子

对初值的敏感性是系统处于混沌状态的另外一种表征，图3-6表示当系统（3-5）处于混沌状态时，三个零售商的产量初值分别取（q_1，q_2，q_3）=(30，35，36）和（q'_1，q'_2，q'_3）=(30.01，35，36）时，三个零售商随着时间的产量变化图。由此得到结论：当系统处于混沌状态时，零售商的产量如果有微小变化，将会导致博弈的最终结果出现非常大的差异，并且不可预测。这一点说明当系统处于混沌状态时，系统对于初始值的敏感依赖性。

零售商的产量随着参数k_2的变化规律与随着参数k_1的变化规律基本相似，这里不再进行分析。

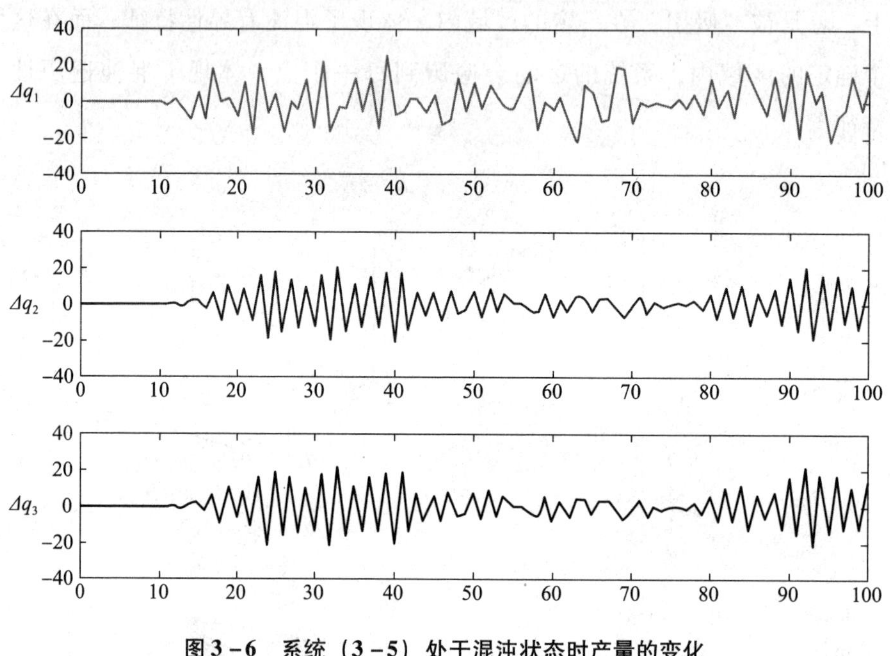

图3-6　系统（3-5）处于混沌状态时产量的变化

3.2.3　产量调整速度对零售商利润的影响

图3-7是固定参数$k_2=0.02$，$k_3=0.02$时，系统（3-5）随着产量调整速度k_1变化时零售商的利润演化过程。可以看出，随着调整参数k_1的增加，利润的演化过程和产量的演化过程相似，从稳定状态经过倍周期分岔进入混沌状态。图3-8是系统（3-5）在稳定状态、二周期分岔、四周期分岔和混沌状态时零售商的利润演化过程。从图3-7和图3-8可以看出，一旦系统（3-5）处于混沌状态，零售商的利润将进行无序的波动并变得不可预测，这一点对零售商是非常有害的。

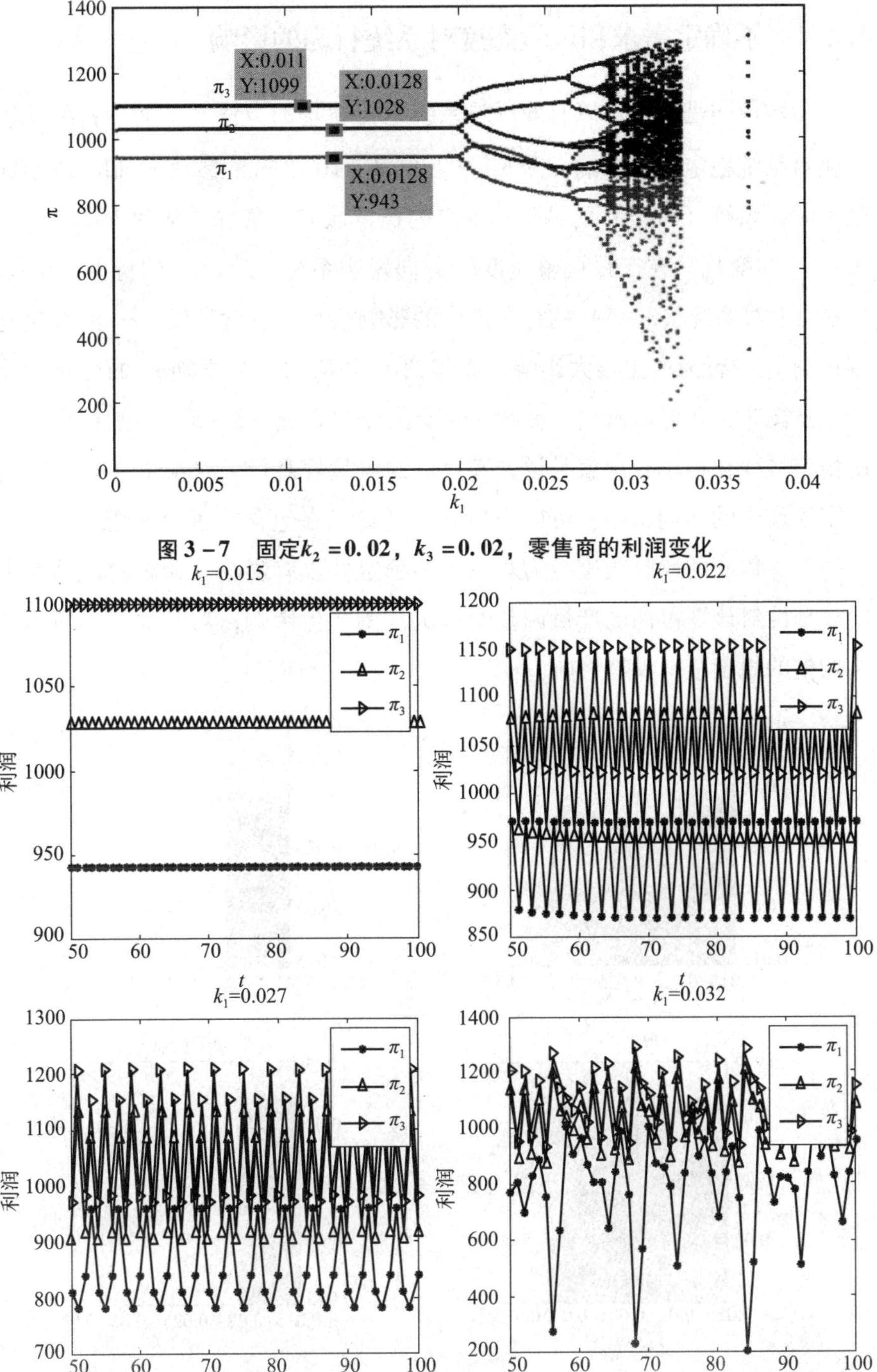

图3-7　固定$k_2=0.02$，$k_3=0.02$，零售商的利润变化

图3-8　零售商处于不同状态下的利润

3.2.4 不确定需求和风险态度对系统行为的影响

参数域图是一个可以有效反映系统运行轨迹的方法。下面分析σ_1 和t_1 变化对系统稳定域的影响。图 3－9 和图 3－10 给出了参数σ_1 和t_1 取不同数值时，系统（3－5）的纳什均衡点的稳定域变化情况。从图 3－9 看出，参数σ_1 的变化只在产量调整速度k_1 方向影响系统（3－5）的行为，在k_2，k_3方向上对系统（3－5）的行为产生的影响很小。也就是说，σ_1 的变化对零售商R_1 的行为产生很大影响，零售商R_2 和R_3的行为不随σ_1 的变化而改变。从图 3－10 可以看出，参数t_1 的变化导致系统（3－5）的纳什均衡点的稳定域变化很小，也就是说，零售商的风险规避行为对系统（3－5）的稳定性产生的影响很小。可以得出如下结论，在包含零售商—顾客的供应链中，零售商的风险规避行为对系统的稳定性没有影响；顾客对产品需求的波动性对该零售商的产量调整的稳定范围产生影响；对其他零售商的产量调整的稳定范围没有影响。

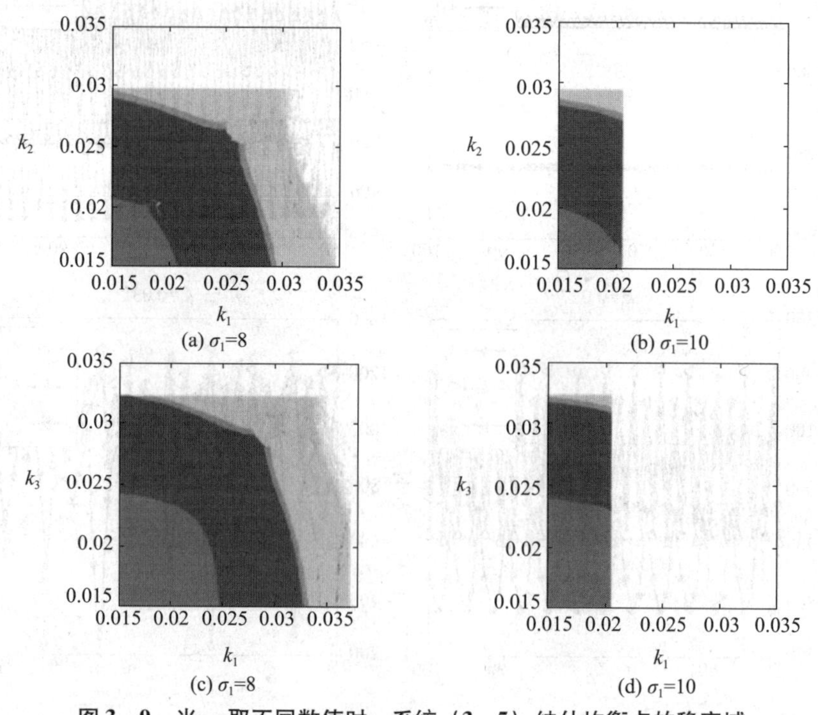

图 3－9 当σ_1 取不同数值时，系统（3－5）纳什均衡点的稳定域

图3－11展示了$\sigma_1=10$时，系统（3－5）随着产量调整速度k_1变化的分岔图。可以看出，随着σ_1的增加，零售商的产量从稳定状态进入二次分岔状态，之后就退出市场。这一演化过程和图3－10（b），（d）中的稳定域变化相对应。需求的不稳定会使零售商面临退出市场的风险。比较图3－3和图3－11，可以看出，顾客需求的波动性变大使零售商的产量降低，其他零售商的产量增加。图3－12给出了$t_1=80$时，系统（3－5）随着产量调整速度k_1变化的分岔图。可以看出，风险规避的增加对系统稳定性产生的影响很小，系统（3－5）纳什均衡值发生了变化，零售商R_1的均衡产量增加，零售商R_2和R_3均衡产量减小。所以在市场其他条件不变的情况下，零售商越是趋于风险中性，该产品的市场供给量增加，其他产品的市场供给量减少。

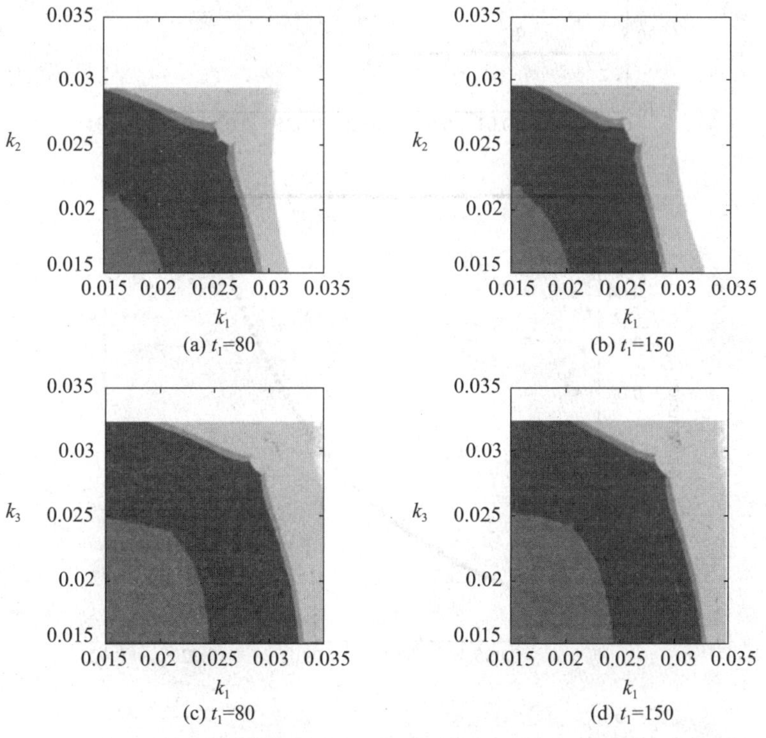

图3－10　当t_1取不同数值时，系统（3－5）纳什均衡点的稳定域

可以得出如下结论：在包含零售商—顾客的供应链中，顾客的需求波动影响系统的稳定性和纳什均衡值；零售商的风险规避行为虽然对系统的稳定性没有影响，但是影响系统的纳什均衡值。所以，零售商在做决策的过程中，可以根据本书的研究结论对未来每期决策进行调整，以此获得最大的收益。

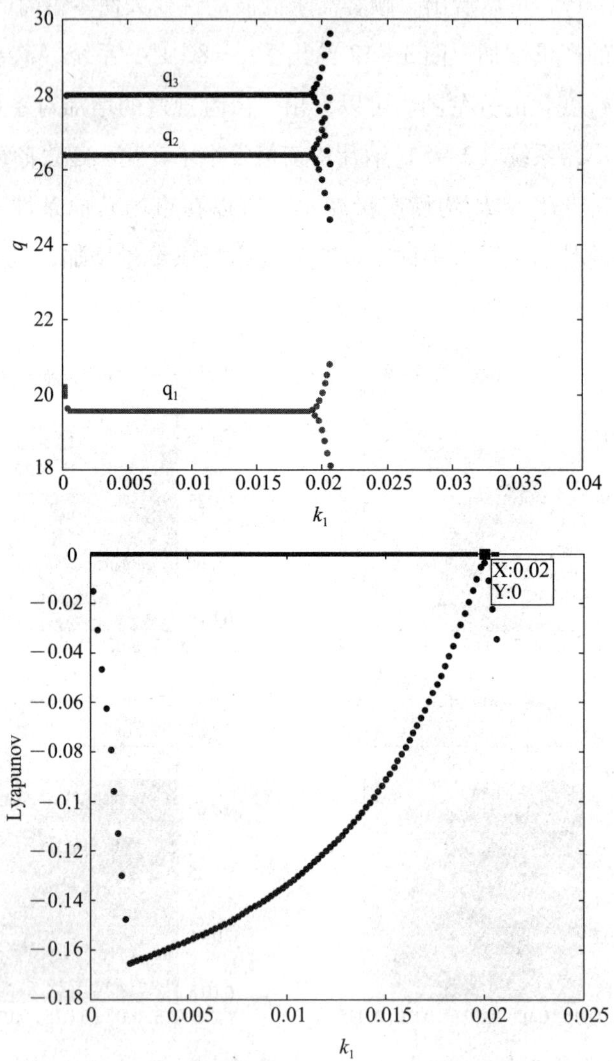

图 3－11　当 $\sigma_1 = 10$ 时，系统（3－5）产量分岔图和最大 Lyapunov 指数

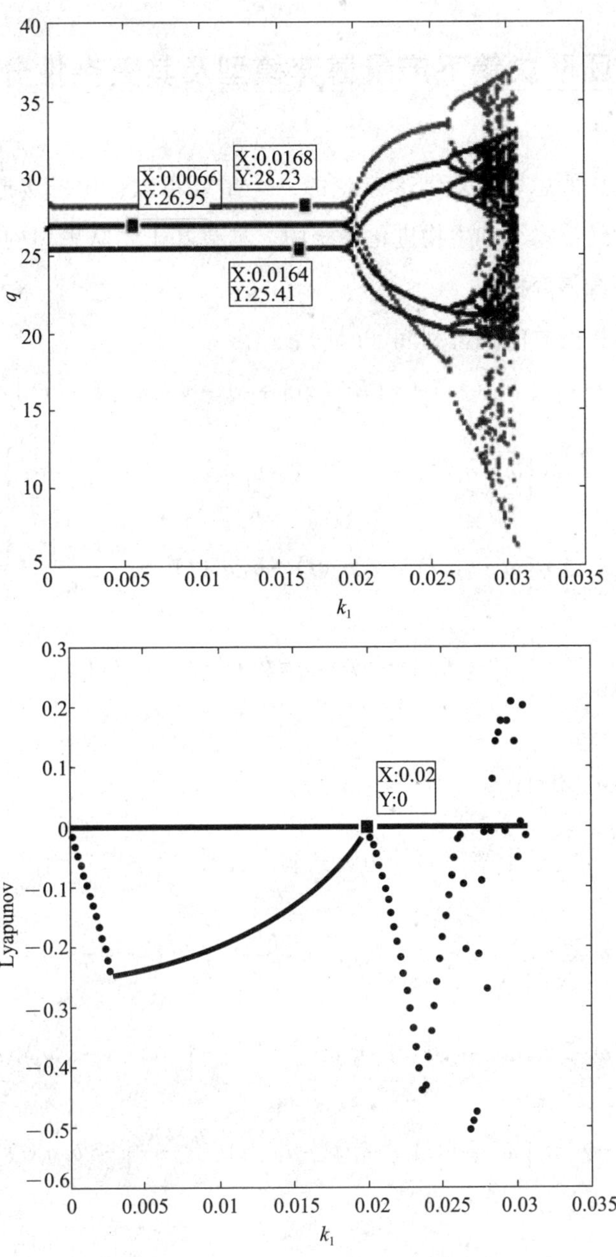

图3-12 当$t_1=80$时，系统（3-5）产量分岔图和最大Lyapunov指数

3.3 团队决策下产量博弈模型及其复杂性分析

团队构建的思想是对博弈理论的一个重要贡献，比较接近实际情况，已经应用到经济系统和生物进化系统中。本节基于团队思想构建零售商的离散动力系统博弈模型。

三个零售商总的期望利润（t 期）：

$$
\begin{aligned}
E_{U_t}(t) &= \gamma[E_{U_1}(t)] + \eta[E_{U_2}(t)] + (1-\gamma-\eta)[E_{U_3}(t)] \\
&= \gamma\left\{\overline{\omega} - q_1(t) - a_1 q_2(t) - b_1 q_3(t) - \frac{[q_1(t)]^2 e_1^2}{2t_1}\right\} \\
&\quad + \eta\left\{\overline{\omega} - q_2(t) - a_2 q_1(t) - b_2 q_3(t) - \frac{[q_2(t)]^2 e_2^2}{2t_2}\right\} \\
&\quad + (1-\gamma-\eta)\left\{\overline{\omega} - q_3(t) - b_3 q_1(t) - a_3 q_3(t) - \frac{[q_3(t)]^2 e_3^2}{2t_3}\right\}
\end{aligned}
\tag{3-11}
$$

其中 $0\leqslant\gamma\leqslant1$，$0\leqslant\eta\leqslant1$，$0\leqslant\gamma+\eta\leqslant1$。

由 $\frac{\partial E_{U_t}(t)}{\partial q_i(t)}$，三个零售商的边际利润由公式（3-12）给出：

$$
\begin{cases}
\frac{\partial E_{U_t}(t)}{\partial q_1(t)} = \gamma\left[\overline{\omega} - 2q_1(t) - a_1 q_2(t) - b_1 q_3(t) - \frac{q_1(t)e_1^2}{t_1}\right] - (1-\gamma-\eta)b_3 q_3(t) - \eta a_2 q_2(t) \\
\frac{\partial E_{U_t}(t)}{\partial q_2(t)} = \eta\left[\overline{\omega} - 2q_2(\eta t) - a_2 q_1(t) - b_2 q_3(t) - \frac{q_2(t)e_2^2}{t_2}\right] - (1-\gamma-\eta)a_3 q_3(t) - \gamma a_1 q_1(t) \\
\frac{\partial E_{U_t}(t)}{\partial q_3(t)} = (1-\gamma-\eta)\left[\overline{\omega} - 2q_3(t) - b_3 q_1(t) - a_3 q_3(t) - \frac{q_3(t)e_3^2}{t_3}\right] - \gamma b_1 q_1(t) - \eta b_2 q_2(t)
\end{cases}
\tag{3-12}
$$

现实中零售商很难获得市场的全部信息，假设零售商为有限理性，则产量动态演化过程为：

$$
q_i(t+1) = q_i(t) + \beta_i q_i(t)\frac{\partial E_{U_t}(t)}{\partial q_i(t)}, i=1,2,3 \tag{3-13}
$$

建立零售商产量博弈的离散动力系统，如公式（3－14）所示。

$$\begin{cases} q_1(t+1)=q_1(t)+\beta_1 q_1(t)\dfrac{\partial E_{U_t}(t)}{\partial q_1(t)} \\ q_2(t+1)=q_2(t)+\beta_2 q_2(t)\dfrac{\partial E_{U_t}(t)}{\partial q_2(t)} \\ q_3(t+1)=q_3(t)+\beta_3 q_3(t)\dfrac{\partial E_{U_t}(t)}{\partial q_3(t)} \end{cases} \tag{3-14}$$

其中，β_i，$i=1$，2，3，是零售商产量调整速度。

3.3.1 均衡点分析

根据不动点的定义，令$q_i(t+1)=q_i(t)$，$i=1$，2，3，得到公式（3－15）：

$$\begin{cases} \gamma\left[\bar{\omega}-2q_1(t)-a_1 q_2(t)-b_1 q_3(t)-\dfrac{q_1(t)e_1^2}{t_1}\right]-(1-\gamma-\eta)b_3q_3(t)-\eta a_2 q_2(t)=0 \\ \eta\left[\bar{\omega}-2q_2(t)-a_2 q_1(t)-b_2 q_3(t)-\dfrac{q_2(t)e_2^2}{t_2}\right]-(1-\gamma-\eta)a_3q_3(t)-\gamma a_1 q_1(t)=0 \\ (1-\gamma-\eta)\left[\bar{\omega}-2q_3(t)-b_3q_1(t)-a_3q_3(t)-\dfrac{q_3(t)e_3^2}{t_3}\right]-\gamma b_1 q_1(t)-\eta b_2 q_2(t)=0 \end{cases}$$

（3－15）

由公式（3－15），可以计算出系统（3－14）均衡点。由于计算的复杂性，很难表达系统（3－14）的均衡点的解析解。为此，根据市场实际竞争情况，为参数赋值$\bar{\omega}=100$，$a_1=0.4$，$a_2=0.4$，$a_3=0.4$，$\sigma_1=8$，$\sigma_2=8$，$\sigma_3=8$，$t_1=50$，$t_2=60$，$t_3=70$。通过计算得到系统（3－14）纳什均衡点$E_5(q_1^{T*}, q_2^{T*}, q_3^{T})=(23.98, 25.9, 27.47)$。

3.3.2 纳什均衡点的局部稳定性分析

纳什均衡点的局部稳定性是由 Jacobian 矩阵特征值的性质决定的。为研究纳什均衡点的稳定性，首先给出系统（3－14）的状态变量（q_1，q_2，q_3）在纳什均衡点的 Jacobian 矩阵为：

$$J(q_1,q_2,q_3)=\begin{pmatrix}1-28.18\beta_1 & -6.01\beta_1 & -6.01\beta_1\\ -5.7\beta_2 & 1-18.74\beta_2 & -4.89\beta_2\\ -6.12\beta_3 & -5.24\beta_3 & 1-19.1\beta_3\end{pmatrix} \quad (3-16)$$

根据 Jury 稳定性判据，可以模拟出系统（3-14）在纳什均衡点E_5的局部稳定域（如图 3-13 所示）。从图中可知，产品的市场比例越大，该产品市场就越不稳定；一旦产量调整速度超出稳定范围，系统（3-14）将会出现倍周期分岔，甚至混沌现象。

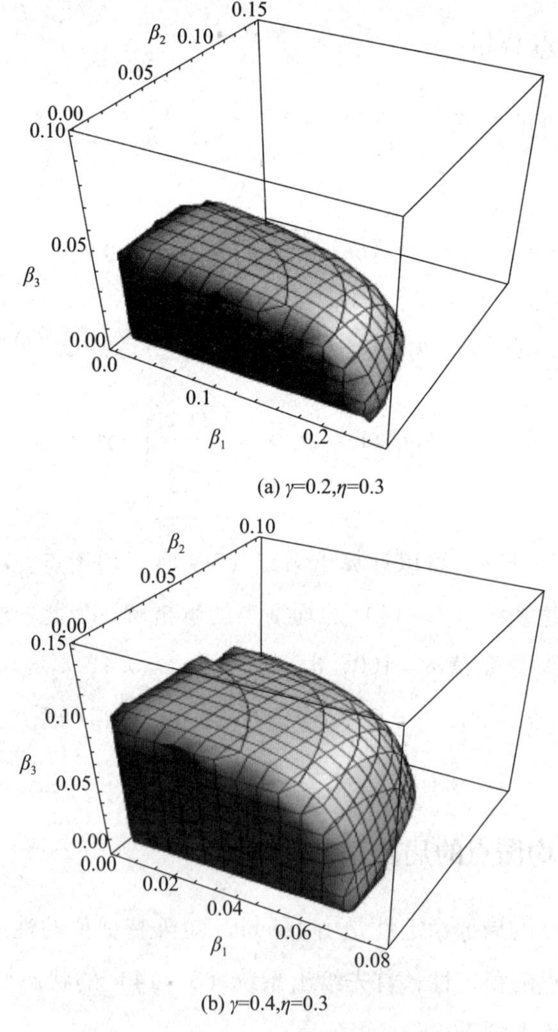

(a) γ=0.2,η=0.3

(b) γ=0.4,η=0.3

图 3-13 系统（3-14）的稳定域

3.3.3 调整参数对系统稳定性的影响

在市场经济下，市场参与者往往需要竞争者具有一定的市场份额来保持市场有较高的稳定性和运行效率。因此产品的市场份额怎么配置可以保持市场稳定是要研究的主要问题。

本节中，借助参数的二维分岔图，即参数域图（Parameter Basins plots）来分析系统（3－14）稳定域演化过程。系统各个参数的取值按之前设定。

以产量权重因子 γ 和 η 作为分岔参数。图 3－14 给出了β_i（$i=1$，2，3）取不同值时，即零售商对产量的调整速度不同时，系统（3－14）稳定性变化情况。用黑色代表系统（3－14）的稳定域，浅灰色代表系统的周期运动状态，深灰色代表混沌区域，白色代表系统（3－14）的变量溢出，零售商将退出市场。看到系统（3－4）通过黑色、深灰色、浅灰色所组成的倍周期分岔通向混沌道路。

从图 3－14 中可以看出，零售商的产品调整速度对于市场的稳定性有很大影响。随着β_i（$i=1$，2，3）的不断变大，要保持市场稳定，所允许的零售商的产品市场份额 γ 和 η 取值范围越来越小，零售商之间的竞争性变强。也就是说，零售商的产量调整速度发生变化，要想保持市场稳定，就必须调整产品市场份额。

图 3－15 表示当 $\eta=0.3$，$\beta_1=0.07$，$\beta_2=0.04$，$\beta_3=0.04$ 时，随着产品权重因子 γ 的变化系统（3－14）的分岔，图 3－16 表示当 $\gamma=0.3$，$\beta_1=0.04$，$\beta_2=0.07$，$\beta_3=0.04$ 时，随着产品权重因子 η 的变化系统(3－14)的分岔。从图中可以看出，随着产品权重因子的增加，系统先进行一个倍周期倒分岔，之后进入稳定状态，又经过倍周期分岔进入混沌，其演化过程和图 3－14（b），（c）相一致。也就是说，当其中一个产品的市场份额较小和较大时，市场都会出现不稳定状态。这就要求产业内企业要平衡发展，企业的产品所占市场份额并不是越大对企业越有利。企业要根据市场条件、自身条件、竞争者条件，来确定各自所占的市场份额，保证市场的有序竞争状态。

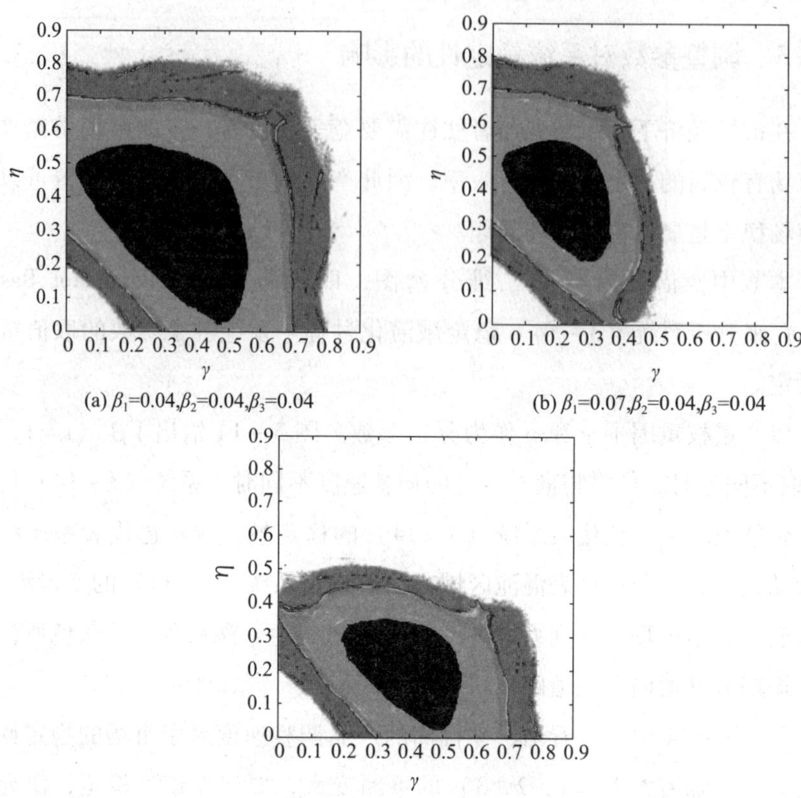

图 3-14　系统（3-14）的参数稳定域

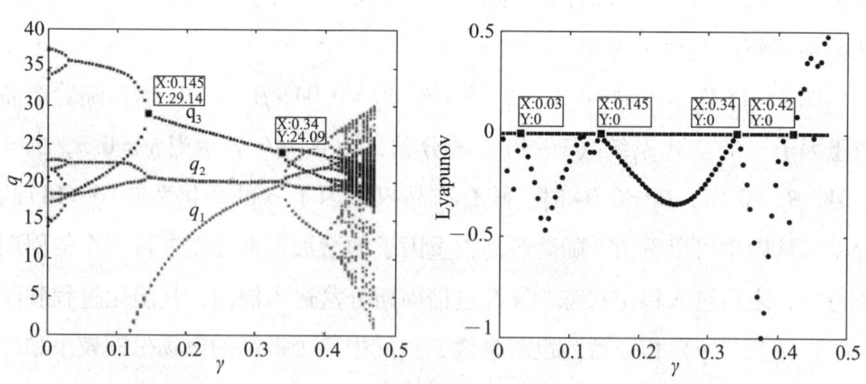

图 3-15　当 $\eta = 0.3$，$\beta_1 = 0.07$，$\beta_2 = 0.04$，$\beta_3 = 0.04$ 时，系统（3-14）产量分岔和相应的 Lyapunov 指数

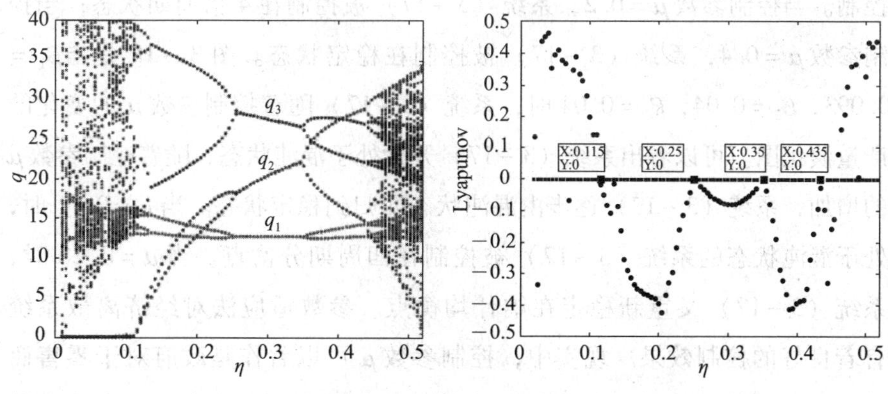

图3-16　当 $\gamma=0.3$，$\beta_1=0.04$，$\beta_2=0.07$，$\beta_3=0.04$ 时，系统（3-14）产量分岔和相应的 Lyapunov 指数

3.4　混沌控制

混沌是一种无序、不确定状态，具有不可预测性。这种无序、不确定状态有时对系统有利，有时对系统有害。在经济系统中，混沌现象往往对系统是有害的，所以要对混沌状态加以控制。通过上面的分析，发现当市场处于混沌状态时，零售商因为无法对当期的产量进行准确分析，导致无法正确制定下一期产量，出现产量的无序波动状态。如此循环下去将会导致整个市场紊乱和零售商的损失。为了使市场重新回到正确的运行轨道，可以通过外在的产量干预使系统重新回到稳定状态。本节采用参数适应控制法对系统（3-14）进行有效控制。把系统（3-14）表示为$q_i(t+1)=f_i(q_1(t),\ q_2(t),\ q_3(t))$，$i=1,\ 2,\ 3$。其控制系统可以表示为：

$$\begin{cases} q_1(t+1)=(1-\mu)f_1(q_1(t),q_2(t),q_3(t))+\mu q_1(t) \\ q_2(t+1)=(1-\mu)f_2(q_1(t),q_2(t),q_3(t))+\mu q_2(t) \\ q_3(t+1)=(1-\mu)f_3(q_1(t),q_2(t),q_3(t))+\mu q_3(t) \end{cases} \quad (3-17)$$

控制系统（3-17）中，μ 是调整参数。当 $\mu=0$ 时，系统（3-17）退化为系统（3-14）。从图3-17可以看出，系统（3-17）得到了很好控制。当控制参数$\mu=0.2$，系统（3－17）被控制在4倍周期状态；当控制参数$\mu=0.4$，系统（3－17）被控制在稳定状态。图3－18是当$\beta_1=0.093$，$\beta_2=0.04$，$\beta_3=0.04$时，系统（3－17）随着控制参数μ的变化的产量演化图。可以看出系统（3－17）开始处于混沌状态，随着控制参数μ的增加，系统（3－17）逐步由混沌状态回归到稳定状态。当$\mu=0.11$时，处于混沌状态的系统（3－17）被控制在四周期分岔点。当$\mu=0.28$时，系统（3－17）又重新稳定在纳什均衡点。参数适应法对经济离散系统有着良好的控制效果。现实中，控制参数μ可以看作是政府对于零售商产量的一种外在干预，当政府发现由于零售商为了自身利益最大化而导致市场处于混沌状态时，可以主动地对市场的产量竞争有效介入。换一个角度来说，控制参数μ也可以看作零售商对于市场的一种学习和自适应能力。当零售商意识到，市场混沌对自身利润产生损害时，在掌握了市场信息后会主动调整产量使市场重新回到稳定状态。

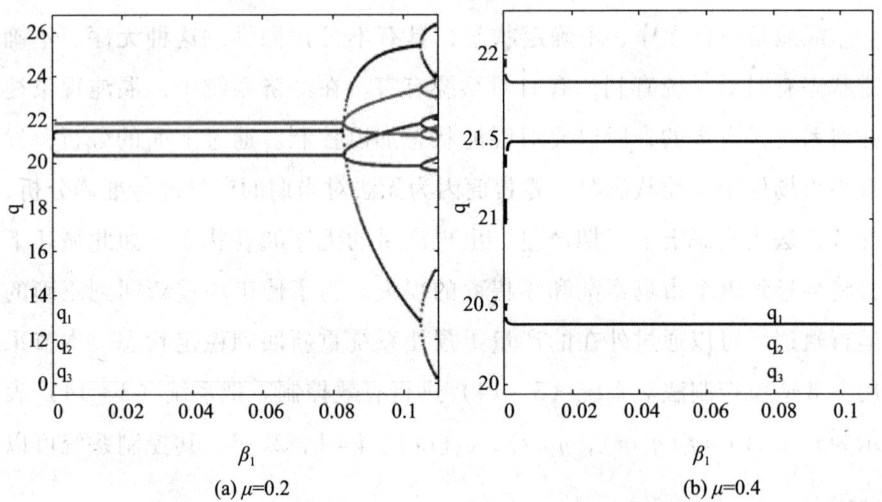

(a) μ=0.2　　(b) μ=0.4

图3－17　控制参数μ取不同值时系统（3－17）演化过程

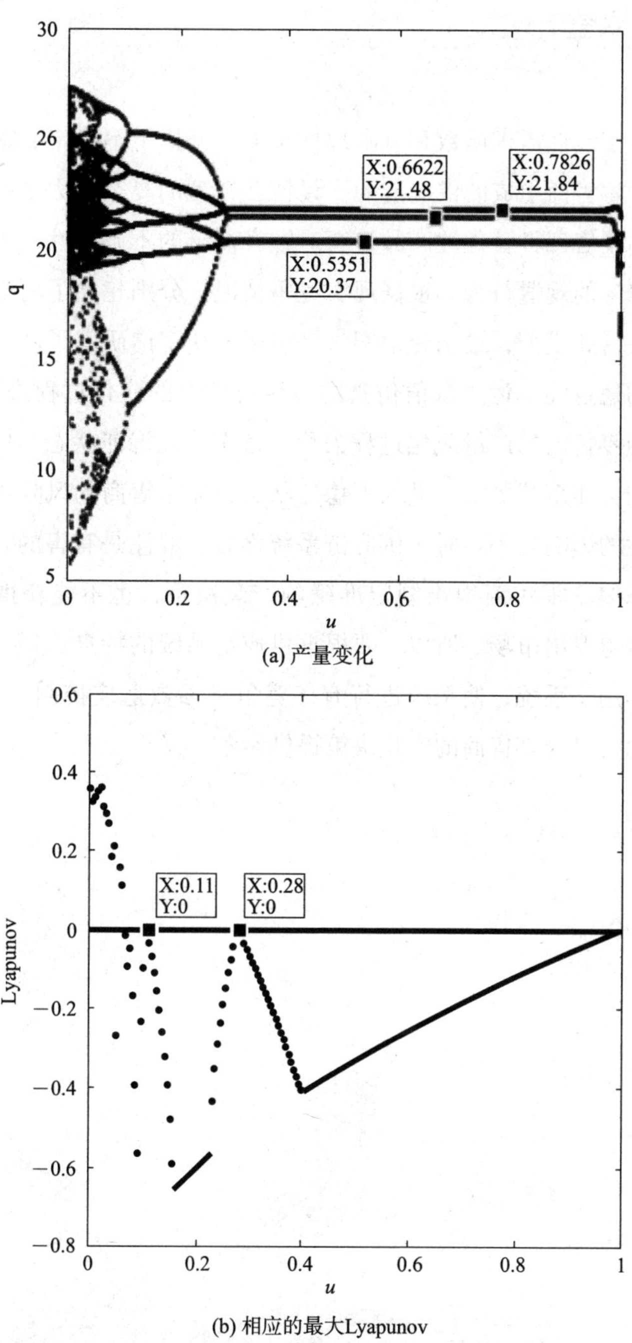

(a) 产量变化

(b) 相应的最大Lyapunov

图3－18　随控制参数μ的变化控制系统（3－17）演化过程

3.5 本章小结

本章基于线性需求函数和有限理性预期，分析了不确定需求条件下由风险规避型零售商组成的供应链的产量博弈模型的复杂动力学行为。考虑三个零售商销售三种替代性产品，面对顾客需求的不确定性，零售商表现出对市场风险的规避行为。根据现实竞争情况，分别建立了离散和团队决策下的动态博弈模型，运用分岔图、吸引子、功率谱研究了两个产量动态博弈模型的稳定性。运用数值仿真的方法对模型的演化过程进行了分析，得出参数使零售商的产量演化过程失稳，甚至陷入混沌状态。例如，需求方差的增加会使系统更快地进入不稳定状态，而零售商的风险规避行为对系统稳定性的影响较小。对于供应链系统而言，混沌是有害的。当系统处于混沌状态时，零售商很难制定准确的产量决策，也不能获得稳定的利润，甚至被迫退出市场。所以，要根据供应链系统的特点选择一种有效的控制方法作用于系统，使系统进行有序竞争（参数适应控制方法）。本章的研究结论可以为零售商的产量决策提供参考。

第 4 章

风险规避型供应链价格博弈模型及其混沌控制

经济全球化使供应链成员之间的关系变得越来越复杂。供应链的上游和下游企业可以同时参与到多个供应链中，如一个制造商同时拥有多个供应商，一个零售商同时销售多个品牌的产品。面对市场的不确定性，制造商和零售商都会表现出风险规避行为，使企业的决策行为变得更加复杂和难以预测。

有不少文献研究决策者的风险态度对供应链管理的影响。Wu 等分析了风险规避行为对制造商决策的影响，Caliskan - Demirag 和 Chen 考虑了风险规避型零售商用 CVaR 决策标准来进行效用衡量，Colombo 和 Labrecciosa 考虑了风险规避型销售商在不确定需求下的定价问题。Yoo 考虑了制造商的不同风险态度（风险规避或风险中性），研究了在离散系统中制造商的回收政策和质量决策之间的关系。供应链是个复杂系统，参与者的风险态度不但对自己的决策行为产生影响，对上下游企业的决策也会有一定影响，然而研究风险规避行为对上下游企业影响的文献很少。上下游参与者的风险规避行为对整个供应链的运营产生什么样的影响？本章在第三章研究的基础上，研究了风险规避型供应链的复杂定价行为，针对已有文献对供应链定价的研究主要是用静态方法进行分析这一不足，建立了动态价格混合博弈模型。

4.1 问题描述与模型构建

本章构建了由两个制造商M_i，$i=1$，2，一个零售商R_1 和顾客所组成的供应链混合定价博弈模型。面对顾客需求的不确定性，两个供应商和零售商都具有风险规避行为。两个制造商之间是竞争关系，彼此生产两种可以替代的产品，通过一个共同的零售商满足顾客的需求，两个制造商之间进行价格竞争。在本章中制造商和零售商遵循以下策略：两个制造商之间是 Bertrand 博弈，制造商和零售商之间是 Stackelberg 博弈，制造商是领导者。在这种博弈策略下，制造商和零售商分别做决策使各自利润最大化。

4.1.1 模型假设

假设 1：顾客需求都能得到满足，需求函数是线性的。制造商和零售商之间是主从博弈，且两个制造商处于主导地位。

假设 2：顾客可以从两种替代产品中购买其中一种满足其需求。

假设 3：两种产品的基本市场需求具有随机性，并服从相同的正态分布 $E(a)=\bar{a}$，$Var(a)=\sigma$，两个制造商和零售商都具有风险规避行为。

假设 4：两个制造商具有固定的边际成本，零售商的销售可变成本为零。

4.1.2 符号说明

w_i，$i=1$，2，制造商的批发价格；

p_i，$i=1$，2，产品的零售价格；

C_{M_i}，$i=1$，2，制造商生产产品的边际成本；

a，基本市场需求；

$\bar{a}$，基本市场需求的均值；

σ，顾客需求的方差；

$b_i>0$，$i=1$，2，产品的价格敏感系数；

$d_i>0$，$i=1$，2，产品的交叉价格敏感系数；

R_i，$i=M_1$，M_1，制造商和零售商的风险态度；

$E(U_R)$，零售商的期望效用；

$E(U_{M_i})$，$i=1$，2，制造商的期望效用。

4.1.3 动态价格博弈模型

根据实际竞争情况，参考有关学者对供应链的价格竞争的研究，建立了两个制造商和一个零售商价格竞争的博弈模型，其需求函数为：

$$\begin{cases} D_1 = a - b_1 p_1 + d_1 p_2 \\ D_2 = a - b_2 p_2 + d_2 p_1 \end{cases} \tag{4-1}$$

这里假设$b_i > d_i$，即产品价格对需求的影响大于替代品价格对需求的影响。

根据指数效用函数，可以得到制造商和零售商的期望效用：

$$\begin{cases} E(U_R) = E(\pi_R) - \dfrac{Var(\pi_R)}{2R_R} = (p_1 - w_1)(\bar{a} - b_1 p_1 + d_1 p_2) + \\ \quad (p_2 - w_2)(\bar{a} - b_2 p_2 + d_2 p_1)(p_1 + p_2 - w_1 - w_2)^2 \sigma^2 / (2R_R) \\ E(U_{M_1}) = E(\pi_{M_1}) - \dfrac{Var(\pi_{M_1})}{2R_{M_1}} = (w_1 - c_{M_1})(\bar{a} - b_1 p_1 + d_1 p_2) - \\ \quad (w_1 - c_{M_1})^2 \sigma^2 / (2R_{M_1}) \\ E(U_{M_2}) = E(\pi_{M_2}) - \dfrac{Var(\pi_{M_2})}{2R_{M_2}} = (w_2 - c_{M_2})(\bar{a} - b_2 p_2 + d_2 p_1) - \\ \quad (w_2 - c_{M_2})^2 \sigma^2 / (2R_{M_2}) \end{cases} \tag{4-2}$$

在公式（4-2）中，考虑了两个制造商和零售商的风险规避行为并应用效用函数得到其收益函数，比较符合实际情况。当一个制造商改变参数值，对其他制造商和零售商产生什么影响及如何调整参数值是本章研究的重点。

根据前面的假设，制造商和零售商之间是主从博弈，制造商处于领导地位。那么，他们之间进行主从博弈，博弈均衡是 Stackelberg 均衡。这个博弈过程经历两个阶段：首先，两个制造商根据市场信息决定产品的批发价格；其次，根据制造商的决策信息，零售商确定产品的销售价格。因而，制造商的决策会受到零售商决策的影响。根据逆序解法，首先计算第二阶段中零售商最优的反应函数。

根据$\frac{\partial E(U_R)}{\partial P_1}$，$\frac{\partial E(U_R)}{\partial P_2}$，可以得到公式（4－3）。

$$\begin{cases}\frac{\partial E(U_R)}{\partial p_1}=\bar{a}+b_1 w_1-d_2 w_2+\frac{(w_1+w_2)\sigma^2}{R_R}-(\frac{\sigma^2}{R_R}+2b_1)p_1+(d_1+d_2-\frac{\sigma^2}{R_R})p_2\\ \frac{\partial E(U_R)}{\partial p_2}=\bar{a}+b_2 w_2-d_1 w_1+\frac{(w_1+w_2)\sigma^2}{R_R}-(\frac{\sigma^2}{R_R}+2b_2)p_2+(d_1+d_2-\frac{\sigma^2}{R_R})p_1\end{cases} \tag{4-3}$$

通过计算$\frac{\partial E(U_R)}{\partial P_1}=0$，$\frac{\partial E(U_R)}{\partial P_2}=0$，可以得到零售商最优的定价，如公式（4－4）所示：

$$\begin{cases}p_1^*=\frac{AE+BC}{DE-C^2}\\ p_2^*=\frac{AC+BD}{DE-C^2}\end{cases} \tag{4-4}$$

其中，$A=\bar{a}+b_1 w_1-d_2 w_2+\frac{(w_1+w_2)\sigma^2}{R_R}$，$B=\bar{a}+b_2 w_2-d_1 w_1+\frac{(w_1+w_2)\sigma^2}{R_R}$，$C=d_1+d_2-\frac{\sigma^2}{R_R}$，$D=\frac{\sigma^2}{R_R}+2b_1$，$E=\frac{\sigma^2}{R_R}+2b_2$。

将公式（4－4）带入公式（4－2），由$\frac{\partial E(U_{M_1})}{\partial w_1}$，$\frac{\partial E(U_{M_2})}{\partial w_2}$，通过计算得到两个制造商的边际利润，如公式（4－5）所示。

$$\begin{cases}\frac{\partial E(U_{M_1})}{\partial w_1}=\bar{a}-b_1 p_1^*+d_1 p_2^*-\frac{(w_1-c_{M_1})\sigma^2}{R_{M_1}}-\frac{F(w_1-c_{M_1})}{DE-C^2}\\ \frac{\partial E(U_{M_2})}{\partial w_2}=\bar{a}-b_2 p_2^*+d_2 p_1^*-\frac{(w_2-c_{M_2})\sigma^2}{R_{M_2}}-\frac{F(w_2-c_{M_2})}{DE-C^2}\end{cases} \tag{4-5}$$

其中，$F=b_1\left[E\left(\frac{\sigma^2}{R_R}+b_1\right)+C\left(-d_1+\frac{\sigma^2}{R_R}\right)\right]-d_1\left[C\left(\frac{\sigma^2}{R_R}+b_1\right)+D\left(-d_1+\frac{\sigma^2}{R_R}\right)\right]$

$G=d_2\left[E\left(-d_2+\frac{\sigma^2}{R_R}\right)+C\left(\frac{\sigma^2}{R_R}+b_2\right)\right]-b_2\left[C\left(-d_2+\frac{\sigma^2}{R_R}\right)+D\left(\frac{\sigma^2}{R_R}+b_2\right)\right]$

由$\frac{\partial E(U_{M_1})}{\partial w_1}=0$，$\frac{\partial E(U_{M_2})}{\partial w_2}=0$，可以得到制造商对零售商在某阶段的纳什均衡解$w_1^*$，$w_2^*$，纳什均衡解是供应链中的决策者最大收益决策。

在实际决策过程中，面对市场的不确定性，制造商的经济行为总是表现出有限理性特征，而且企业之间的博弈是一个不断重复的过程。所以，决策的结果不同于完美理性的决策结果。然而，系统大部分阶段都不是最优状态，怎么调整参数和定价方向使系统尽快回到最佳状态才是关注的主要问题。本章中，根据有限理性策略，即依据上一期的边际效用制定本期的定价博弈策略，风险规避型供应链离散动态价格重复博弈模型可以表示为式（4-6）。

$$\begin{cases} w_1(t+1) = w_1(t) + k_1 w_1(t)\dfrac{\partial E(U_{M_1})}{\partial w_1} \\ w_2(t+1) = w_2(t) + k_2 w_2(t)\dfrac{\partial E(U_{M_2})}{\partial w_2} \\ p_1(t) = \dfrac{AE+BC}{DE-C^2} \\ p_2(t) = \dfrac{AC-BD}{DE-C^2} \end{cases} \tag{4-6}$$

其中，k_1，k_2 是制造商M_1，M_2 的批发价格调整参数。由系统（4-6）可以看出，$t+1$ 期的批发价格，受到 t 期时的价格、批发价格调整速度和 t 期的边际利润等影响。

4.2 均衡点的稳定性分析

一般情况下，确定性的非线性系统的不动点可能不是一个，所以系统可能会出现周期性或者混沌状态，具体状态要根据系统的反应函数而定。下面分析风险规避型供应链系统（4-6）的演化规律。

风险规避型供应链中的制造商和零售商做决策都是依据收益最大化做出的。所以对于均衡解小于等于零是没有实际意义的。本章只研究风险规避型供应链系统有意义的均衡解，根据不动点定义得到方程（4-7）：

$$\begin{cases} w_1(t+1) = w_1(t) \\ w_2(t+1) = w_2(t) \end{cases} \tag{4-7}$$

根据公式（4－6）和（4－7），得到公式（4－8）：

$$\begin{cases} k_1 w_1(t)\left[\bar{a} - b_1 p_1 + d_1 p_2 - \dfrac{(w_1 - c_{M_1})\sigma^2}{R_{M_1}} - \dfrac{F(w_1 - c_{M_1})}{DE - C^2}\right] = 0 \\ k_2 w_2(t)\left[\bar{a} - b_2 p_2 + d_2 p_1 - \dfrac{(w_2 - c_{M_2})\sigma^2}{R_{M_2}} - \dfrac{F(w_2 - c_{M_2})}{DE - C^2}\right] = 0 \end{cases} \quad (4-8)$$

求解方程（4－8）的解析解是非常困难的，因此本书首先对部分参数进行赋值，然后求出数值解。取 $\bar{a} = 1000$，$b_1 = 1.2$，$b_2 = 1$，$d_1 = 0.8$，$d_2 = 0.7$，$\sigma = 60$，$R_r = 60$，$R_{M_1} = 60$，$R_{M_2} = 60$，$C_{M_1} = 15$，$C_{M_2} = 10$，可以得到系统（4－6）四个不动点分别为：$E_0(0, 0)$，$E_1(0, 28.72)$，$E_2(32.71, 0)$，$E_3(31.22, 26.33)$。分析可知，E_0，E_1，E_2 三个点没有实际意义，所以只考虑纳什均衡点 $E_3(31.22, 26.33)$。E_3 是两个制造商反应函数的交点，此时双方的边际利润为零，双方都处于最优状态。但是，如果一方行为发生变化，系统将偏离最优状态，制造商和零售商的决策变得不稳定，继而产生复杂性为，造成利润下降。由式（4－8）可以看出，价格调整参数值不影响系统的不动点，但影响系统的稳定性。通过计算系统（4－6）的 Jacobi 矩阵来分析 E_3 的稳定性：

$$J = \begin{bmatrix} 1 + 91895.38k_1 \\ 202024.66k_2 \end{bmatrix} \quad (4-9)$$

将均衡点 E_3 带入公式（4－9），得到系统的特征多项式为 $f(\lambda) = \lambda^2 - A\lambda + B$。根据 Jury 稳定性判据，满足条件（4－10）时，系统处于稳定状态。

$$\begin{cases} f(1) = 1 - A + B > 0 \\ f(-1) = 1 + A + B > 0 \\ B - 1 < 0 \end{cases} \quad (4-10)$$

其中，$A = 91895.38\,k_1 + 119860\,k_2 + 2$；

$B = 91895.38\,k_1 + 119860.3\,k_2 + 10718148142.27\,k_1 k_2 + 1$。

根据条件（4－10）可以估计出纳什均衡点的渐进稳定域。在稳定域内部，无论初始价格值为多少，经过有限次博弈后，系统都会稳定在纳什均衡价格点上。值得注意的是，两个制造商为了各自的利润最大化，会加快价格调整速度。一旦价格调整速度超出稳定范围，系统变得不稳定，或者进入混沌状态。

4.3 数值仿真

4.3.1 价格调整速度对系统稳定性的影响

图4－1是固定参数$k_2=0.001$时，系统随着价格调整速度k_1变化的价格分岔（Bifurcation Diagram）和最大李雅普指数（Lyapunov）。可以看出，价格调整速度k_1对于制造商和零售商的价格决策有着重要影响。当$k_1\in[0,0.00102]$时，系统一直稳定在纳什均衡点；当$k_1=0.00102$时，系统出现第一次分岔。之后系统经过4周期分岔，系统逐渐进入混沌状态。从图中也可以看出制造商M_2的批发价格受k_1的变化影响较小。图4－1（c）李雅普指数图证实了系统的演化过程。李雅普指数小于零时，系统处于稳定状态；当李雅普指数大于零时，系统进入混沌状态。指数值越大，系统表现出更强的混沌性。

价格调整参数决定了系统（4－6）的稳定性，当制造商做决策时，要考虑竞争者和零售商的市场反应。只有上游企业和下游企业都处于稳定状态，市场才能进行有序竞争。

系统混沌的另一个特征是它具有奇异吸引子。吸引子指随着时间的无限延伸，从任何一个有界集上出发的非定常流的所有轨道都趋近于它。奇异吸引子又称为混沌吸引子，是系统处于混沌状态时的运行轨迹。从总体上来看，系统的运行轨迹被吸引在一个稳定区域；从局部来看，系统的运行轨迹是杂乱无章的，但是具有自相似性，并且具有复杂的拉伸、扭曲结构。图4－2展示了这个模型中奇异吸引子的形成过程。可以看出，系统从纳什均衡状态经过二周期、四周期、八周期逐步演化进入混沌状态，其演化过程和价格分岔的演化过程相一致。

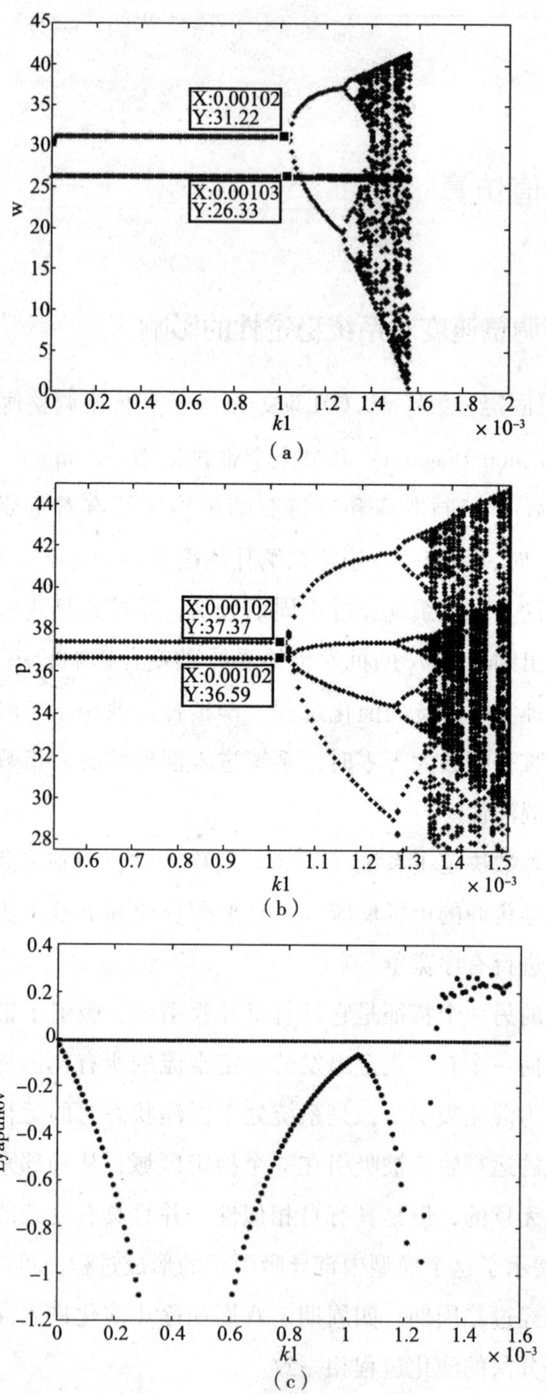

图 4-1　系统随着参数k_1 变化的价格分岔和最大李雅普指数

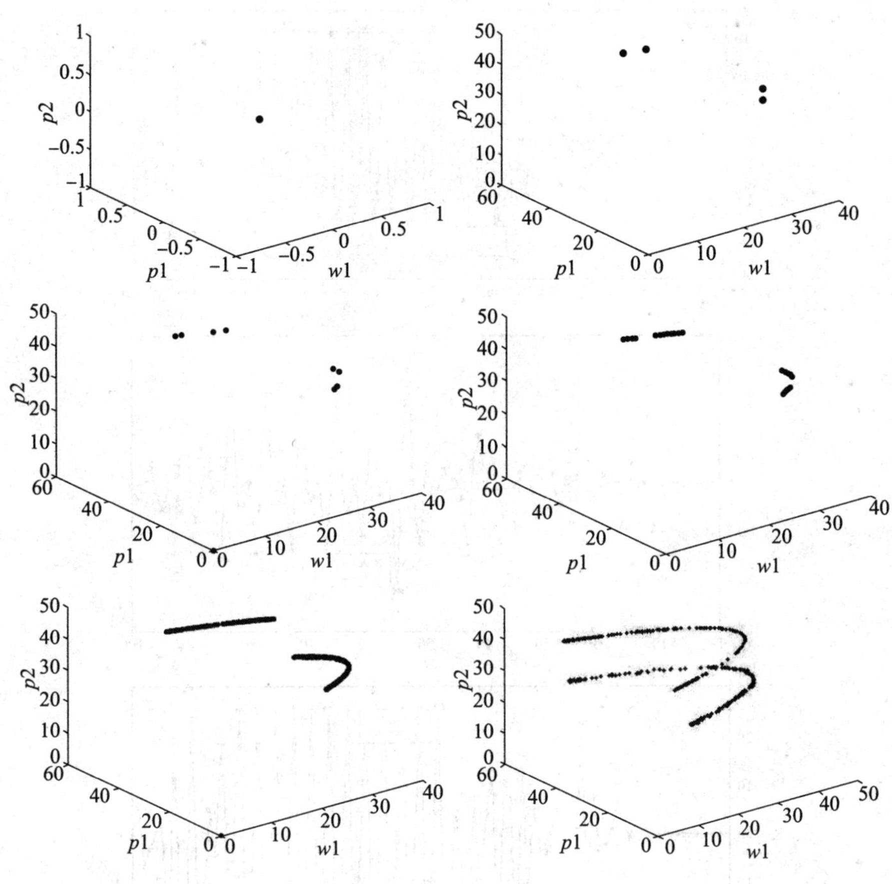

图 4－2　混沌吸引子的形成过程

混沌另外一个特征是对初值的敏感依赖性，系统变量的初始值发生微小的变化，系统运行的结果就会表现出极大的差异性，即蝴蝶效应。图 4－3 表示系统（4－6）在 $k_1 = k_2 = 0.0015$ 和初值分别为 $(w_1, w_2) = (20.01, 15)$ 和（20，15）时价格随着时间的变化情况。可以清楚地看到，随着迭代周期的增加，价格相差越来越大，呈现出指数增长的趋势，比如，批发价格增加了 3474 倍，直观地表明了系统对初值的敏感依赖性。零售商的销售价格也表现出很多的差异性。所以系统处于混沌状态时，即使初值只相差百分之一，但随着时间的推移，价格差异却变得很大。

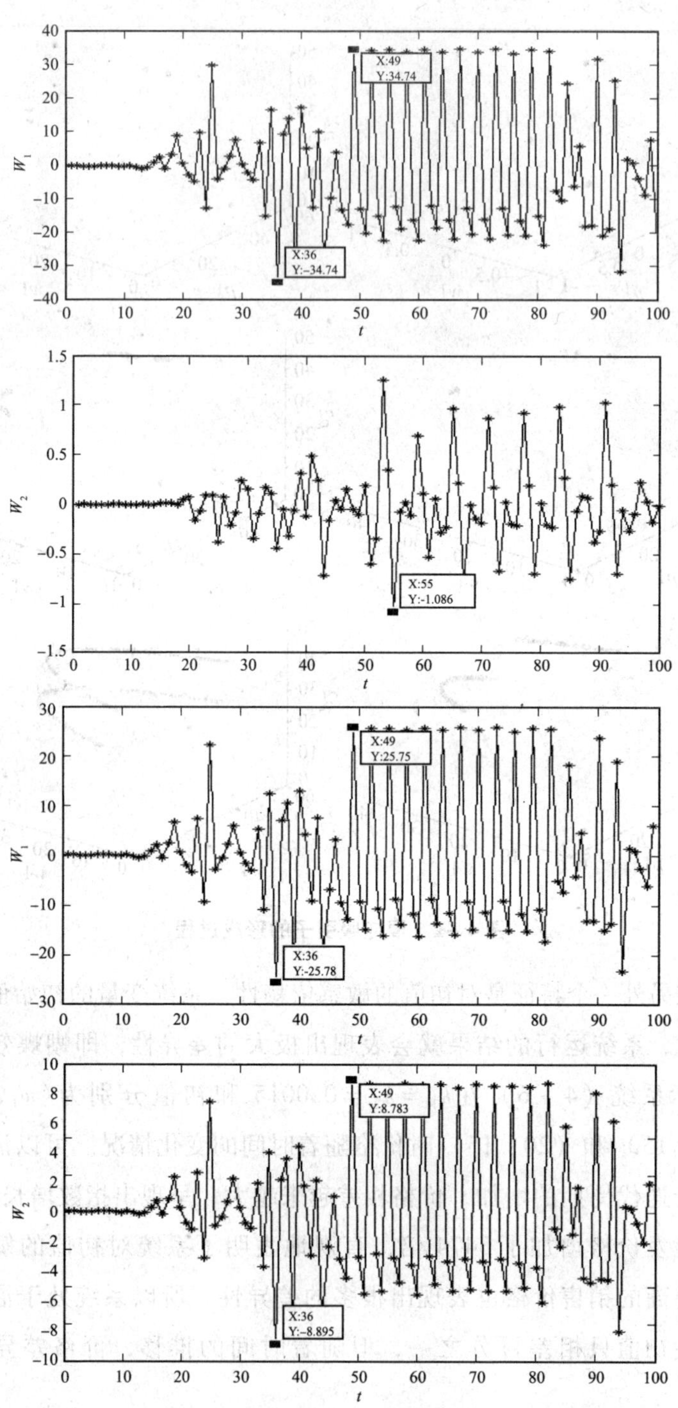

图 4-3　系统（4-6）对初值的敏感性

采用周期图法来估计系统（4－6）的价格功率谱，当$k_1=0.001$，$k_2=0.001$时，制造商和零售商的价格功率谱见图4－4。从图中可以看出功率谱为直线，保持在一个稳定值，说明系统（4－6）处于稳定状态，和图4－2的吸引子是一致的，吸引子即系统的稳定不动点。图4－5是当$k_1=0.0015$，$k_2=0.001$时，系统（4－6）的功率谱，此时系统处于混沌状态。从图中可以看出，制造商和零售商的价格随着时间的演化表现出无序性和遍历性特点。从总体上来看，这一特性表明混沌是有界的，系统的运行轨迹被吸引到吸引子上。但从局部运行来看，运行轨迹表现出杂乱无章的特征。根据混沌的有界性特征，可以采用一定的方法对其进行控制。

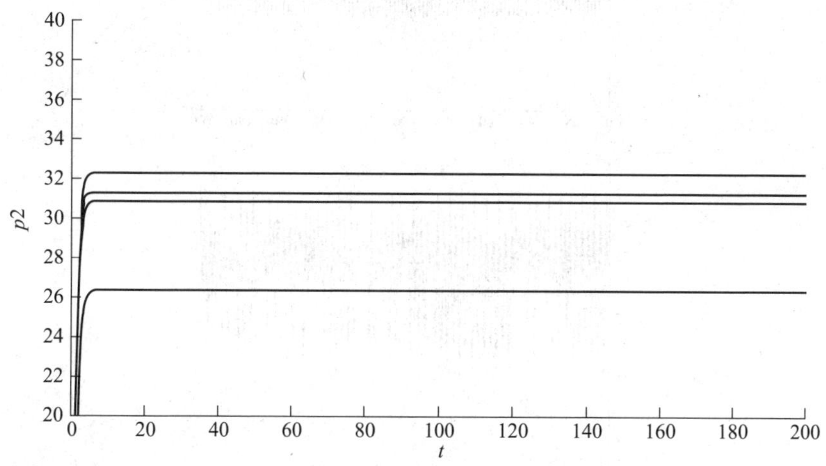

图4－4　处于稳定状态时系统（4－6）功率谱

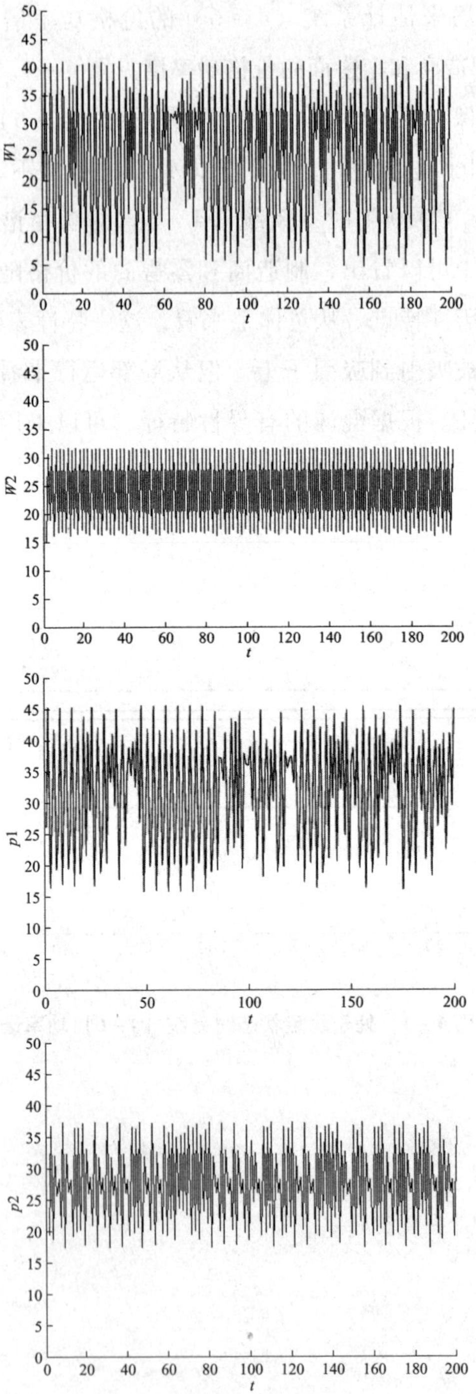

图4-5 处于混沌状态时系统（4-6）功率谱

4.3.2 需求不稳定对系统稳定性的影响

本节分析需求方差 σ 变化时对系统（4－6）稳定性的影响。图4－6是$\sigma=70$，$k_2=0.001$，随着调整参数k_1的变化系统（4－6）的价格分岔图。从图中可以看出，系统在$k_1=0.0085$处发生第一次分岔，之后经过倍周期分岔进入混沌状态，制造商的批发价格和零售商的零售价格都下降。可以得出结论：需求不稳定性增加使供应链系统更容易进入不稳定状态，供应链系统的竞争性变弱。

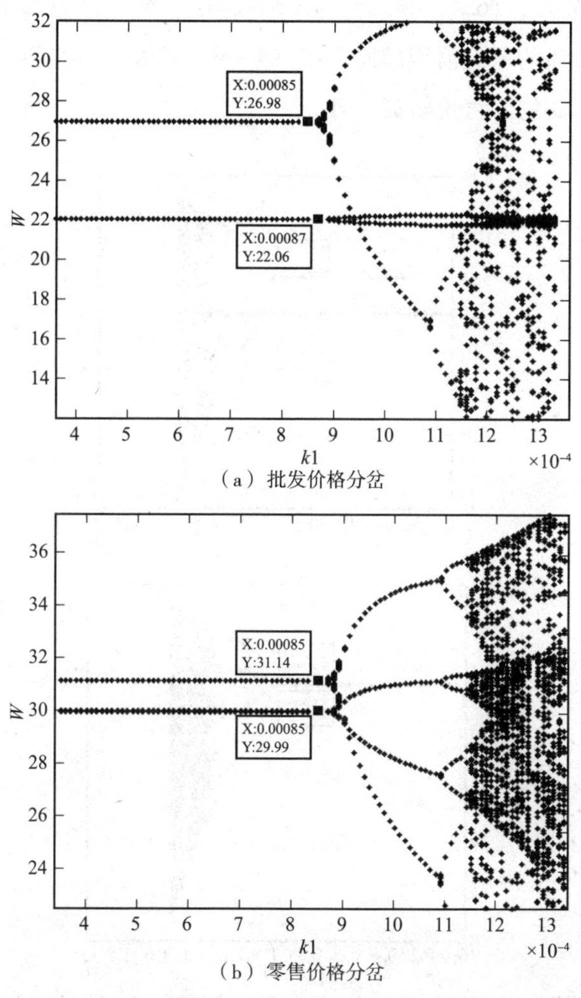

（a）批发价格分岔

（b）零售价格分岔

图4－6　当$\sigma=70$，$k_2=0.001$时系统（4－6）的分岔

4.3.3 风险规避行为对系统稳定性的影响

图4－7是零售商风险规避值增加时，系统（4－6）的价格演化过程图。当$R_R=120$，系统（4－6）的均衡值为（w_1，w_2，p_1，p_2）=（31.38，26.28，45.09，45），第一次分岔点为$k_1=0.00102$。所以，零售商风险值的增加没有改变系统（4－6）的稳定域，使制造商的批发价格下降和零售商的零售价格上升。图4－8是制造商风险规避值增加时，系统（4－6）的价格演化过程图。当$R_{M_1}=120$，系统（4－6）的均衡值为（w_1，w_2，p_1，p_2）=（46.73，26.4，48.89，40.6），第一次分岔点为$k_1=0.00129$。可以得出制造商的风险值增加使系统（4－6）的稳定性变强，制造商的批发价格和零售商的零售价格都上升。

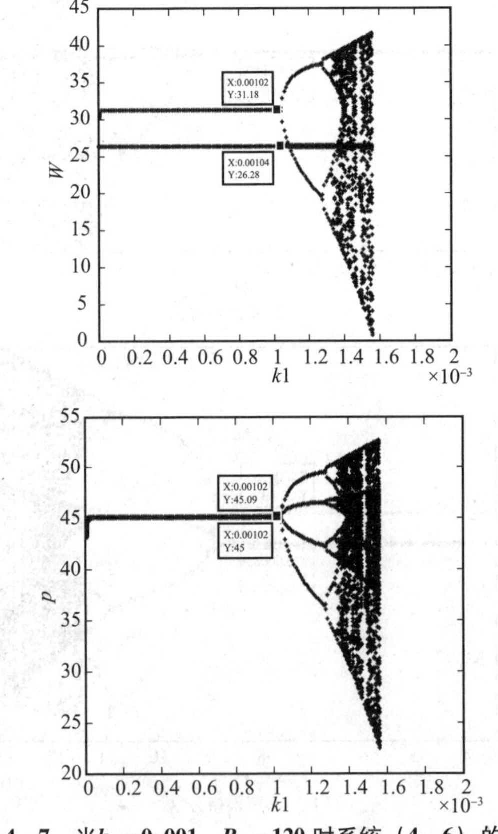

图4－7 当$k_2=0.001$，$R_R=120$时系统（4－6）的分岔

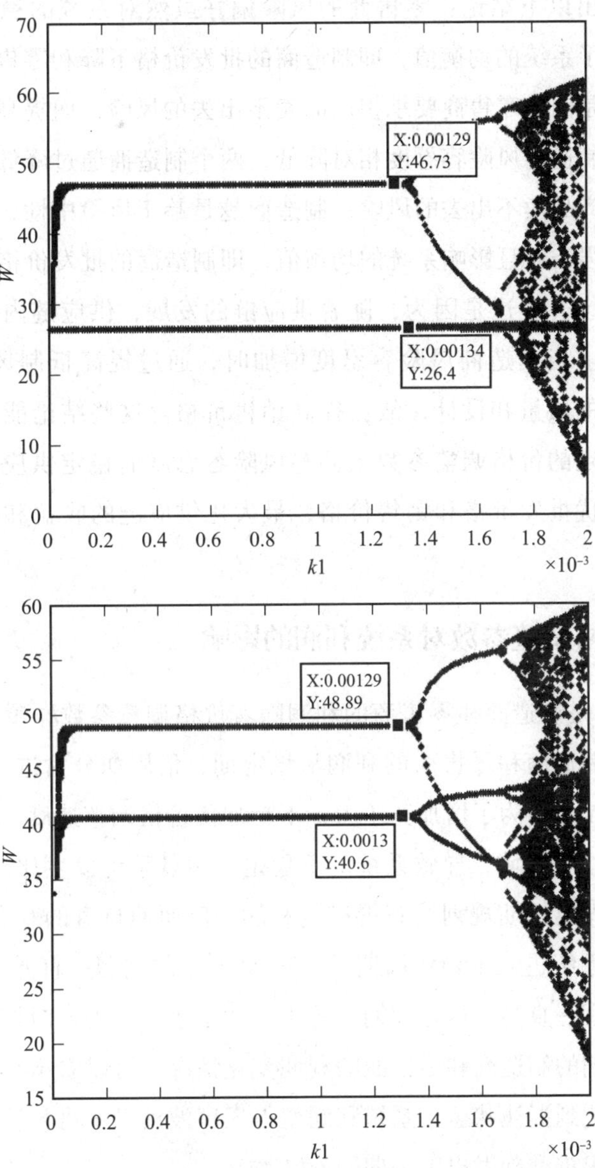

图4-8 当$k_2=0.001$，$R_{M_1}=120$时系统（4-6）的分岔

可以得出以下结论：零售商的风险偏好虽然对系统的稳定性没有影响，但影响了系统的均衡值，即制造商的批发价格下降和零售商的零售价格上升。这是因为零售商要承担产品卖不出去的风险，而提高产品的零售价格，对于制造商风险容忍度相对降低，两个制造商通过降低产品的批发价格来降低产品卖不出去的风险；制造商越是趋于风险中性，不仅使系统的稳定性变强，而且影响系统的均衡值，即制造商的批发价格和零售商的零售价格都上升。这是因为，随着供应链的发展，供应链内部总是存在激烈的竞争。当制造商风险容忍度增加时，通过提高抵制风险的能力，如改善产品的质量和设计，故会提高销售价格。这些结论能指导制造商根据已经确定的价格调整参数去调整风险容忍度而稳定供应链，确定每一阶段的最优批发价格和销售价格，最大化供应链的收益和保证供应链的稳定性。

4.3.4 价格调整参数对系统利润的影响

图4-9是制造商和零售商的利润随着价格调整参数k_1变化时的分岔图，可看出制造商和零售商的利润从稳定期、倍周期分岔进入混沌时期。在稳定期，制造商为了增加竞争力，不断加快价格调整速度。但是价格调整速度超过稳定区域，导致系统的不稳定。一旦系统发生比较大的波动，制造商难以做出长期规划并获得稳定利润，反而使自身的利润受到损失。可以看到当系统进入不稳定周期后，制造商M_1的利润一直低于稳定周期，零售商的利润一直高于稳定周期。图4-10是系统在稳定时期、倍周期分岔和混沌时期的制造商和零售商的利润变化情况。可以看出系统的利润从稳定周期演化到混沌状态，系统利润变得无序波动且不可预测，这使制造商和零售商很难准确做出下一期的价格决策。

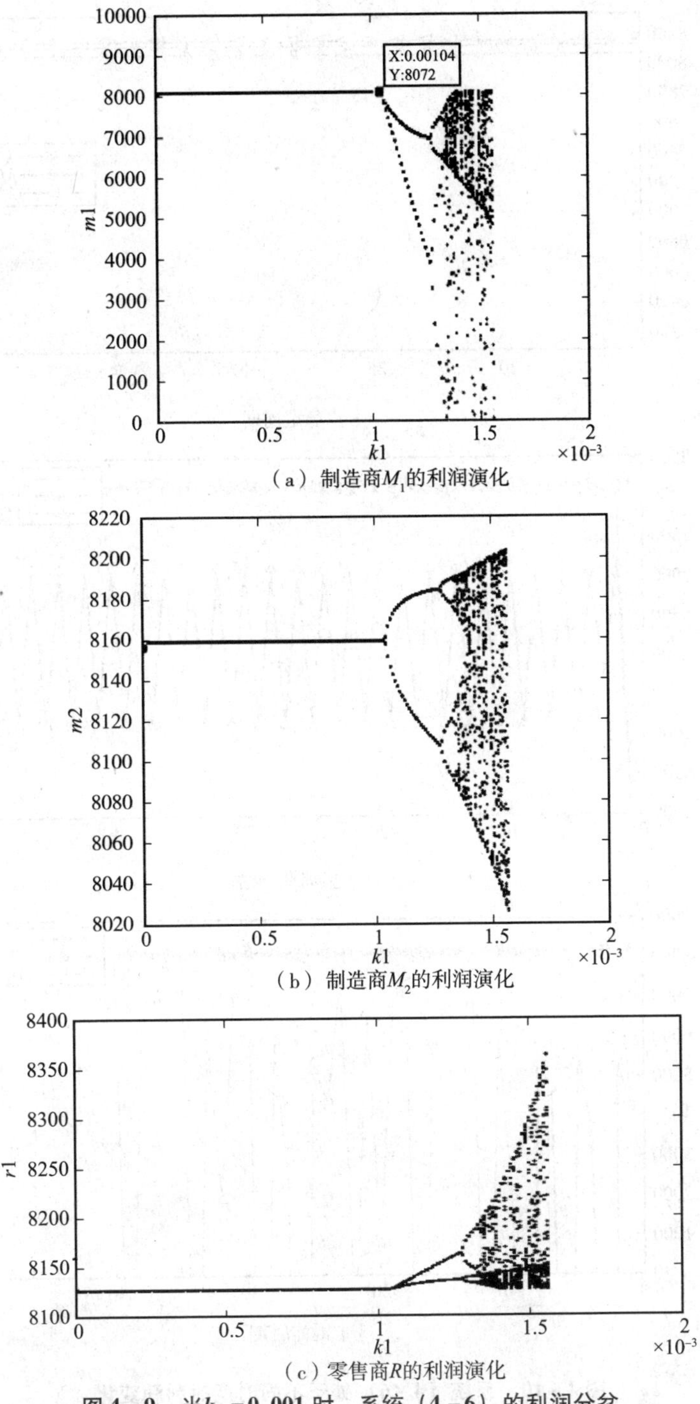

（a）制造商M_1的利润演化

（b）制造商M_2的利润演化

（c）零售商R的利润演化

图4－9　当k_2＝0.001时，系统（4－6）的利润分岔

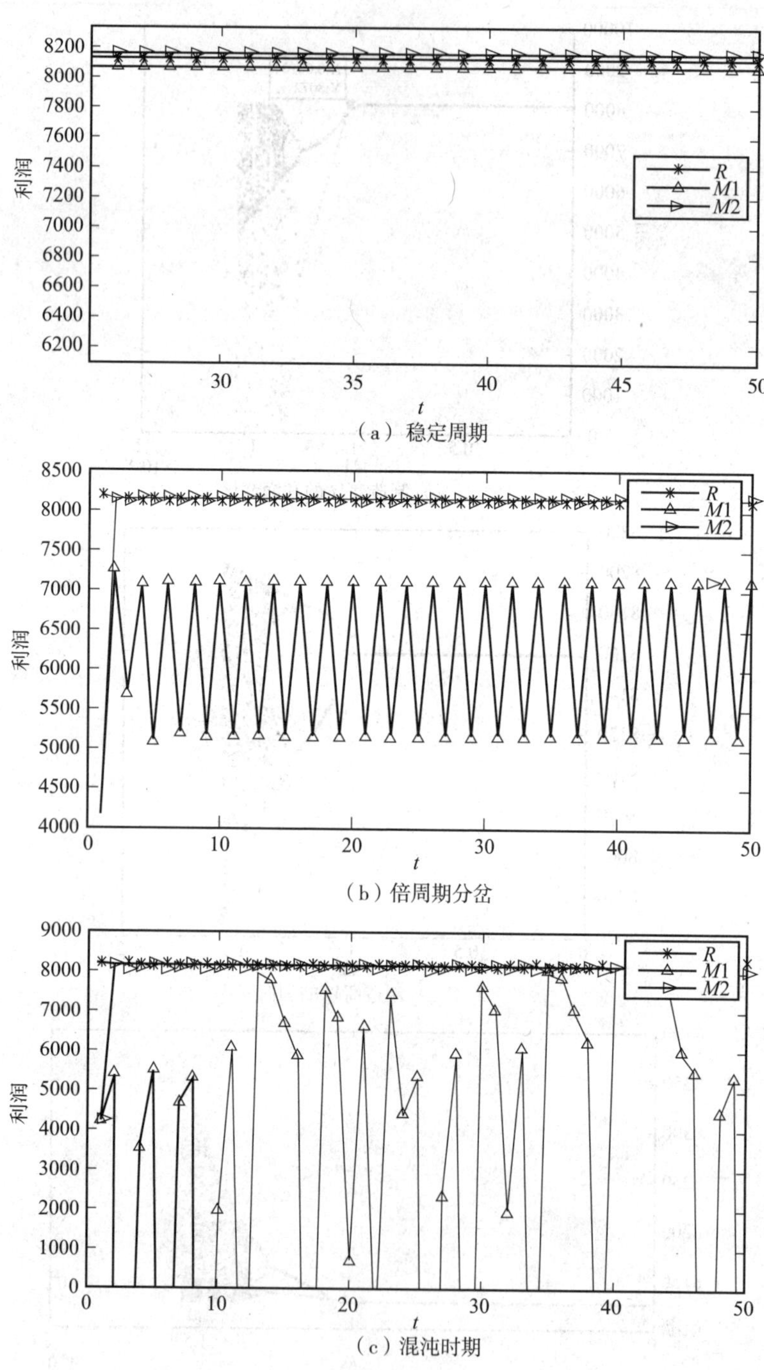

（a）稳定周期

（b）倍周期分岔

（c）混沌时期

图 4－10 系统（4－6）处于不同时期时利润变化

表4-1　系统（4-6）在不同时期的平均利润

	稳定状态	2周期状态	混沌状态
π_R	8159.76	8144.99	8175.85
π_{M_1}	8074.74	6126.11	2403.59
π_{M_2}	8128.54	8149.99	8054.7
$\sum\pi$	24363.04	22421.09	18634.14

表4-2　系统（4-6）在不同时期的平均利润（$\sigma_1=120$）

	稳定状态	2周期状态	混沌状态
π_R	6001.45	6009.92	6013.69
π_{M_1}	5918.76	4346.43	3573.6
π_{M_2}	5972.61	5968.58	5967.1
$\sum\pi$	17892.81	16324.92	15554.38

表4-3　系统（4-6）在不同时期的平均利润（$R_{M_1}=120$）

	稳定状态	2周期状态	混沌状态
π_R	8182.74	8190.65	8203.86
π_{M_1}	15539.95	14331.78	12443.96
π_{M_2}	8144.84	8136.82	8125.35
$\sum\pi$	31867.63	30659.25	28773.17

表4-1给出了随着k_1变化时制造商和零售商在不同时期的平均利润。可以看到，零售商在混沌时期的利润大于在稳定周期的利润，而制造商M_1和整个供应链的利润在混沌时期却大幅度下降。表4-2给出了随着k_1的变化，制造商和零售商在需求不稳定性增加时不同时期的平均利润。和表4-1相比，发现需求不稳定性增加使制造商和零售商在稳定周期和周期分岔状态的利润下降，在混沌状态下制造商A利润反而增加。表4-3给出了随着k_1变化，制造商M_1趋于风险中性时制造商和零售商在不同时期的平均利润。发现制造商的风险规避行为使制造商和零售商利润损失很大。

4.4 混沌控制

通过上面的分析，可以看出混沌对于两个制造商来说是有害的。虽然零售商在混沌时期的平均收益是增加的，但零售商的利润也具有很大的波动性，零售商很难制定价格决策。为了使市场重新回到有序竞争的轨道，需要采取一定的控制方法。本章采用参数适应法对市场进行控制，这种方法在经济系统中已经得到广泛应用，并且取得了良好的控制效果。假设原来的动力系统（4－6）为：$w_i(t+1)=f_i(w_1(t), w_2(t))$，$i=1, 2$，采用参数适应法对制造商的批发价格进行控制，其控制方程如公式（4－12）所示：

$$\begin{cases} w_1(t+1)=(1-\mu)f_1(w_1(t),w_2(t))+\mu w_1(t) \\ w_2(t+1)=(1-\mu)f_2(w_1(t),w_2(t))+\mu w_2(t) \end{cases} \tag{4-12}$$

图4－11是$u=0.5$和$u=0.7$时，控制系统（4－11）随着调整参数k_1的演化过程。可以看出，当$u=0.5$时，控制系统（4－11）被控制在二周期分岔状态；当$u=0.7$时，控制系统（4－11）被控制在稳定的轨道上；图4－12是当$k_1=0.002$，$k_2=0.001$时，控制系统（4－11）的价格随着控制参数u变化的情况。可以看出，随着u的增加，可以使系统回到稳定的轨道上来。

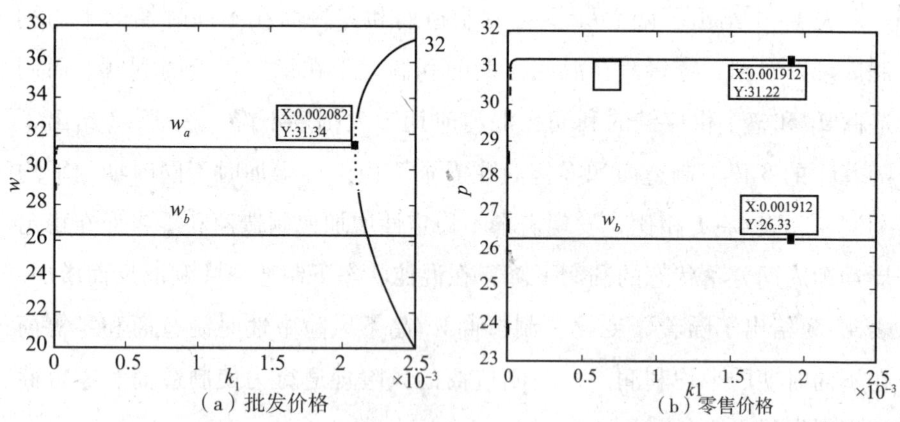

（a）批发价格 （b）零售价格

图4－11 u取不同值时系统（4－11）的价格演化

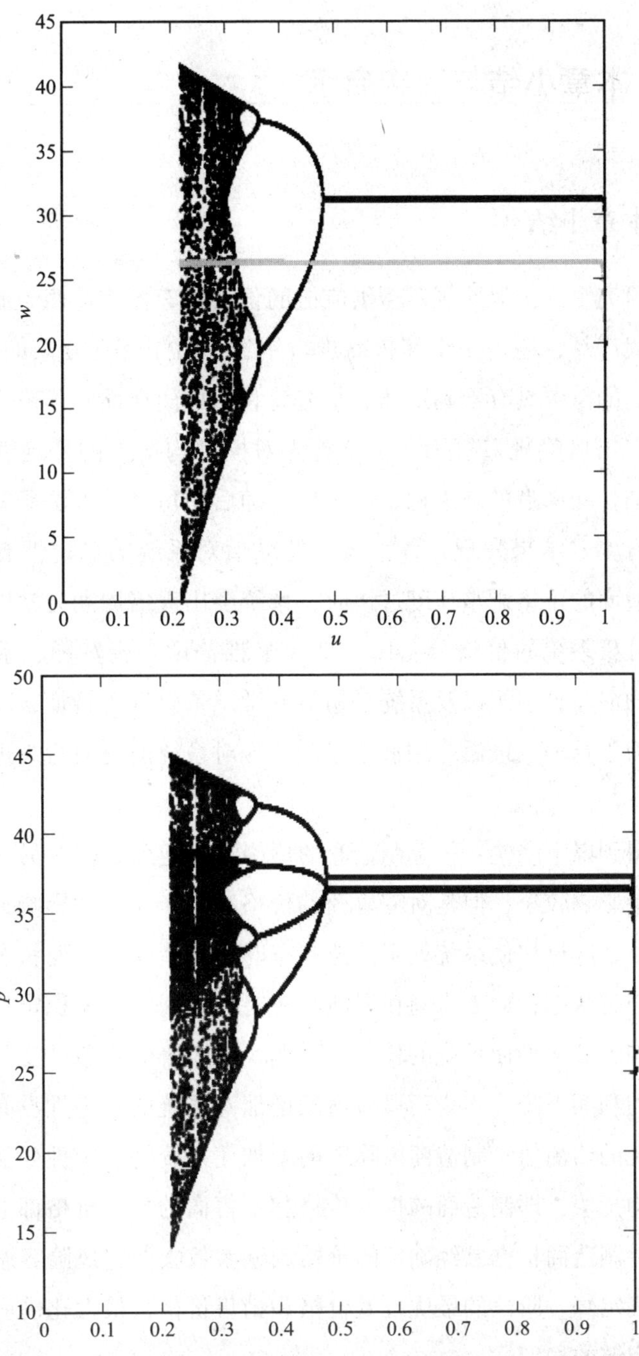

图4-12 随着控制参数μ的增加系统（4-11）的价格变化

4.5 本章小结与现实启示

4.5.1 本章小结

本章研究了一个风险规避型供应链的价格博弈模型。两个制造商提供两种可替代产品，通过一个零售商进行销售。由于存在复杂的市场环境，顾客对产品的需求具有不确定性。制造商和零售商在面对不确定的市场环境时会表现出风险规避行为。本章首先对模型均衡点的稳定性进行了分析，得到纳什均衡点的渐进稳定性条件。随后用仿真的方法研究了系统的复杂演化行为。结果发现，各个参数的取值对系统的稳定性有很大的影响，当制造商的价格调整速度过快时，系统会出现倍周期分岔以及混沌现象。通过分析系统的价格分岔图、最大李雅普诺夫指数图、系统的功率谱、系统的混沌吸引子以及系统对初值的敏感依赖性等特征，印证了系统的复杂动力学行为。最后应用参数控制法，对系统的混沌行为进行了有效控制。

可以得到以下结论：一个制造商的价格调整速度过快对另一个制造商的价格决策影响较小，但是对零售商的价格决策产生较大影响；当制造商的价格调整速度过快使系统处于混沌状态时，制造商在混沌状态时的利润一直低于稳定状态；而零售商在混沌状态时的利润却高于稳定状态。顾客需求的不确定性增加使系统的稳定性减弱，供应链的竞争性变弱，制造商和零售商的利润下降。零售商风险值的增加对系统的稳定性没有影响，但影响了系统的均衡值；制造商风险值的增加使系统的稳定性变强，也影响了系统的均衡值，即制造商的批发价格和零售商的零售价格都上升。这些结论能指导制造商根据已经确定的价格调整参数去调整风险容忍度而稳定供应链，确定每一阶段的最优批发价格和销售价格，最大化供应链的收益和保证供应链的稳定性。

4.5.2 现实启示

企业之间的价格竞争在现实中有愈演愈烈的趋势，制造商们为获得更大的竞争优势会加快价格调整速度，从而使供应链演化为不稳定状态，降低了制造商的利润。究其原因是制造商们为了争夺市场份额和制造商产品的同质化。制造商应该加强产品个性化设计，多样化设计，从而进行差异化竞争。努力提升产品的品牌效应，增强消费者对产品的忠诚度。

第 5 章

考虑概率销售的供应链定价博弈模型的复杂性研究

概率销售起源于一种网络在线订票公司经营模式，后来学者们从不同方面对这种概率销售模式做了大量研究。Fay 和 Xie（2008）首次提出概率产品和概率销售概念，指出概率产品不是具体的产品或服务，而是一种虚拟产品，是消费者在多个不同产品中得到其中任意一个产品的机会。概率销售可以用于各种行业：服装、家具、电器、电子产品、旅游、文化娱乐、教育、玩具等。

虽然预售和概率销售在销售动机和运行上不同，但它们有一个共同的特征，即都提供给顾客一个不确定性的选择。概率销售根据顾客对产品需求的不确定性特征，商家可用现有产品创造多种概率产品的销售，让消费者在不同产品中自由选择。概率销售有以下方面的优势：价格歧视异构消费者；减少供需不匹配；缓和价格竞争。Huang 和 Yu（2014）从推理的角度探索消费者的有限理性并构建了一个简单模型。通过模型分析发现，当顾客具有理性预期时，公司的决策在概率销售下不是最优状态；如果顾客是有限理性，公司的决策在概率销售下是最优状态。Xiao 和 Chen（2014）从连续时间、离散时间和有限动态规划三个方面对在线零售商通过传统销售和概率销售模式销售两种相似产品进行建模，并用马尔可夫决策过程对模型扩展，发现在马尔可夫决策过程下，零售商对概率销售是无法控制的。考虑供应商竞争，Cai（2013）等研究了不同销售渠道结构下的供应商概率销售决策。本章在以上文献研究的基础上，考虑顾客对概率产品具有风险规避行为，建立了制造商和零售商在两种销售模式下的价格竞争长期博弈模型，并对模型的稳定性进行分析。

5.1 问题描述和模型构建

5.1.1 经典的 Hotelling 模型

经典 Hotelling 模型的研究对象是具有相同性能的物质，主要考虑它们具有空间位置上的差异。假定两个零售商分别位于线性城市的两端，用 0 和 1 来表示，消费者均匀地分布在［0，1］线段内，且分布的密度为 1。为了计算方便，假定每个零售商销售单位产品的变动成本为零，用 c 表示单位距离运输所产生的成本，则处于 x 位置的消费者在零售商 0 处购买时的运输成本为 cx，消费者在零售商 1 处购买的运输成本即为 $c(1-x)$。消费者每消费一个单位产品所得到的效用相同且为 v，则消费者购买单位产品的消费剩余为 $v-cx$ 或 $v-c(1-x)$。

考虑零售商的价格竞争，假定两位零售商同时确定销售价格且消费者购买一个单位产品。p_i，$i=0$，1，为零售商 i 的价格，顾客需求服从均匀分布，$D_i(p_0, p_1)$，$i=0$，1，为需求函数。当处于 x 位置的消费者购买零售商 0 和零售商 1 的商品无差异时，处在 x 左侧的消费者将在零售商 0 处购买，x 右侧的消费者将在零售商 1 处购买。相应的需求函数对应为：

$$\begin{cases} D_0(p_0,p_1)=x \\ D_1(p_0,p_1)=1-x \end{cases} \tag{5-1}$$

由于处于 x 位置的消费者在两个零售商处的消费具有无差异性，即消费者在两处得到的消费剩余相等。即 $v-cx-p_0=v-c(1-x)-p_1$。通过计算，得到需求函数表达式如公式（5-2）：

$$\begin{cases} D_0(p_0,p_1)=x=\dfrac{p_1-p_0+c}{2c} \\ D_1(p_0,p_1)=1-x=\dfrac{p_0-p_1+c}{2c} \end{cases} \tag{5-2}$$

每个零售商以利润最大化为目标，根据以上条件可以得到零售商的利润函数。根据最优化理论，对利润函数求解一阶导数，同时判断二阶导数满足的条件即可得到产品的均衡价格。

本节在经典 Hotelling 模型基础上，考虑了一种新的销售模式—概率销售，这是对经典 Hotelling 模型有意义的扩充。

5.1.2 符号说明

w_a，w_b为传统销售渠道下产品 a 和 b 的批发价格；

w_a^p，w_b^p为概率销售策略下产品 a 和 b 的批发价格，且满足$w_a^p=\rho w_a$，$w_b^p=\rho w_b$；

x_i，消费者在 Hotelling 模型中的位置，x_i在［0，1］上服从均匀分布；

c，成本系数，反应消费者购买产品时产生的单位距离成本；

v，消费者购买单位产品所得的价值；

p_a，p_b为产品 a 和 b 在传统销售策略下的价格；

p^p，概率产品的价格；

φ，指定产品 a 为概率产品的概率，则产品 b 为概率产品的概率为$1-\varphi$；

D_a，D_b为产品 a 和 b 在传统销售策略下的需求量；

D^p，概率产品的需求量；

x_a，在［0，1］线段内消费者购买产品 a 的最大值；

x_b，在［0，1］线段内消费者购买产品 b 的最小值；

β，顾客的风险态度；

ρ，零售商的议价能力；

$\prod_i(\cdot)$，$i=A$，B，R，制造商和销售商的利润。

5.1.3 模型构建

1. 模型假设

（1）考虑两个制造商（A，B）和一个共同的零售商（R），两个制造商提供两种可替代产品（a 和 b），零售商可以在传统销售渠道和概率销售渠道下销售产品（见图5－1）。制造商处于主导地位，这意味着制造商先进行决策，零售商根据制造商的信息再进行决策。

（2）面对异构的顾客，制造商 A 和 B 通过零售商在传统销售渠道和概率销售渠道下销售商品。

（3）零售商的运作成本和销售成本都为零，制造商的生产成本为零。

（4）顾客的需求服从均匀分布，且产品完全覆盖市场，顾客只能从两种产品中购买一种产品。顾客的异质偏好用一个理想点 $x \in [0, 1]$ 表示，顾客对概率产品具有风险规避行为。

（5）制造商 A 和 B 都同意创建概率产品，产品 a 位于 0 处，产品 b 位于 1 处。

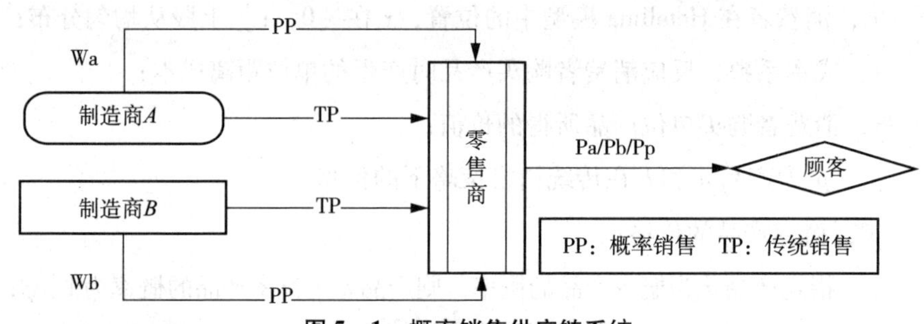

图 5－1 概率销售供应链系统

2. 顾客偏好

用理想点 $x \in [0, 1]$ 来表示顾客的异质偏好，顾客购买产品 a 或 b 获得的价值为 v。因为顾客的理想点 x 不在产品销售点处，顾客购买产品会产生购买成本（距离成本）c。距离成本是因为顾客的理想点和产品位置不一致而产生的负效用。产品的差异化程度随着 c 的增加而增加。顾客购买一个产品 a 的净效用为 $v - cx - p_a$，购买一个产品 b 的净效用为 $v - c(1 - x) - p_b$。

3. 确定利润函数

在产品完全覆盖的市场上，x_a 表示在 $[0, 1]$ 上顾客购买产品 a 的最大值，即在这一点顾客购买传统产品 a 和购买概率产品获得相同的效用；x_b 表示在 $[0, 1]$ 上顾客购买产品 b 的最小值，即在这一点顾客购买传统产品 b 和购买概率产品获得相同的效用。顾客购买概率产品获得效用价值为：

$$\varphi(v - cx) + (1 - \varphi)(v - c(1 - x)) - p_p \tag{5-3}$$

因此，考虑到顾客购买概率产品有一定的风险规避行为，可以得到公式（5－4）：

$$\begin{cases} v - cx_a - p_a = \beta[\varphi(v - cx) + (1 - \varphi)(v - c(1 - x)) - p_p] \\ v - c(1 - x_b) - p_b = \beta[\varphi(v - cx) + (1 - \varphi)(v - c(1 - x)) - p_p] \end{cases} \tag{5-4}$$

其中，β 为顾客对于概率产品的风险态度，同样用乘积形式来表示消费者效用。当 $0<\beta<1$ 时，顾客属于风险规避型，顾客主动回避风险；当 $\beta=1$ 时，顾客属于风险中立型；当 $\beta>1$ 时，顾客属于风险偏好型。解公式（5-4），可以得到公式（5-5）：

$$\begin{cases} x_a = \dfrac{v + c\beta - v\beta - c\beta\varphi - p_a + \beta p_p}{c + c\beta - 2c\beta\varphi} \\ x_b = \dfrac{c - v - c\beta + v\beta + c\beta\varphi + p_b - \beta p_p}{c - c\beta + 2c\beta\varphi} \end{cases} \tag{5-5}$$

基于以上分析，传统销售策略和概率销售策略下具体产品的需求函数表达式如公式（5-6）所示：

$$\begin{cases} D_a = x_a = \dfrac{v + c\beta - v\beta - c\beta\varphi - p_a + \beta p_p}{c + c\beta - 2c\beta\varphi} \\ D_b = 1 - x_b = \dfrac{v - v\beta + c\beta\varphi - p_b + \beta p_p}{c - c\beta + 2c\beta\varphi} \\ D_\rho = x_b - x_a = \dfrac{-c + 2v + c\beta - 2v\beta + (-1 + \beta - 2\beta\varphi)p_a + (-1 - \beta + 2\beta\varphi)p_b + 2\beta p_p}{c[-1 + \beta(-1 + 2\varphi))(1 + \beta(-1 + 2\varphi)]} \end{cases} \tag{5-6}$$

可以看出，产品 a 和 b 的需求不仅跟传统销售渠道下产品的销售价格有关，还与概率产品的价格、顾客的风险态度、距离成本以及产品成为概率产品的概率有关。

两个制造商同时确定产品在传统销售渠道和概率销售渠道下的批发价格；零售商根据制造商的信息确定产品在传统销售渠道和概率销售渠道下的销售价格；顾客根据销售价格信息进行选择购买，可以得到两个制造商和零售商的利润函数。

$$\begin{cases} \pi_A = w_a x_a + \varphi\rho w_a(x_b - x_a) \\ \pi_B = p_b(1 - x_b) + \rho w_b(1 - \varphi)(x_b - x_a) \\ \pi_R = x_a(p_a - w_a) + (1 - x_b)(p_b - w_b) + \varphi(p_p - \rho w_a)(x_b - x_a) \\ \qquad + (1 - \varphi)(p_p - \rho w_b)(x_b - x_a) \end{cases} \tag{5-7}$$

4. 动态 Stackelberg 博弈模型

根据前面的假设，制造商和零售商之间进行 Stackelberg 博弈，博弈均衡为 Stackelberg 均衡。博弈过程中，两个制造商根据市场信息对两种销售渠道下的批发价格做出决策，零售商根据制造商的决策信息再进行决策。首先，假定w_a，w_b为已知，根据最优化问题 $\arg\max \prod_R(p_a, p_b, p_p)$，可以得到零售商的销售决策。零售商的边际利润如公式（5－8）所示：

$$
\begin{cases}
\dfrac{\partial\pi_R}{\partial p_a}=\dfrac{v+c\beta-v\beta-c\beta\varphi-2p_a+p_p+\beta p_p+(1-\rho\varphi)w_a+\rho(\varphi-1)w_b}{c+c\beta-2c\beta\varphi} \\
\dfrac{\partial\pi_R}{\partial p_b}=\dfrac{v-v\beta+c\beta\varphi-2p_b+p_p+\beta p_p-\rho\varphi w_a+w_b-\rho w_b+\rho\varphi w_b}{c-c\beta+2c\beta\varphi} \\
\dfrac{\partial\pi_R}{\partial p_p}=\dfrac{-c+2v+c\beta-2v\beta-(1+\beta)[1+\beta(-1+2\varphi)]p_a+(1+\beta)(-1-\beta+2\beta\varphi)p_b+4\beta p_p}{c[-1+\beta(-1+2\varphi)][1+\beta(-1+2\varphi)]} \\
\qquad +\dfrac{(\beta-\beta^2+2\beta^2\varphi-2\beta\rho\varphi)w_a}{c[-1+\beta(-1+2\varphi)][1+\beta(-1+2\varphi)]}+\dfrac{(\beta+\beta^2-2\beta\rho-2\beta^2\varphi+2\beta\rho\varphi)w_b}{c[-1+\beta(-1+2\varphi)][1+\beta(-1+2\varphi)]}
\end{cases}
\tag{5-8}
$$

由此，可以得到零售商的最优反应函数为：

$$
\begin{cases}
p_a=\dfrac{-2c+4v+c\beta-8v\beta-3c\beta^2+4v\beta^2+3c\beta^3+c\beta^4-2c\beta\varphi-10c\beta^3\varphi-4c\beta^4\varphi+4c\beta^2\varphi^2+8c\beta^3\varphi^2+4c\beta^4\varphi^2}{4(-1+\beta)^2} \\
\quad+\dfrac{(-1+\beta)[-1+\beta^2(-1+2\varphi)+\beta(2+2\varphi-4\rho\varphi)]w_a-(-1+\beta)[-1-2\beta(-1+2\rho)(-1+\varphi)+\beta^2(-1+2\varphi)]w_b}{4(-1+\beta)^2} \\
p_p=\dfrac{-2c+2v+c\beta-4v\beta+2v\beta^2+c\beta^3-4c\beta^2\varphi-4c\beta^3\varphi+4c\beta^2\varphi^2+4c\beta^3\varphi^2}{2(-1+\beta)^2} \\
\quad+\dfrac{(-1+\beta)[1-2\rho\varphi+\beta(-1+2\varphi)]w_a-(-1+\beta)(-1-\beta+2\rho+2\beta\varphi-2\rho\varphi)w_b}{2(-1+\beta)^2} \\
p_b=\dfrac{-2c+4v-c\beta-8v\beta+c\beta^2+4v\beta^2+c\beta^3+c\beta^4+2c\beta\varphi-8c\beta^2\varphi-6c\beta^3\varphi-4c\beta^4\varphi+4c\beta^2\varphi^2+8c\beta^3\varphi^2+4c\beta^4\varphi^2}{4(-1+\beta)^2} \\
\quad+\dfrac{(-1+\beta)[1+\beta(2-4\rho)\varphi+\beta^2(-1+2\varphi)]w_a-(-1+\beta)[1+\beta^2(-1+2\varphi)+\beta(-4+4\rho+2\varphi-4\rho\varphi)]w_b}{4(-1+\beta)^2}
\end{cases}
\tag{5-9}
$$

公式（5－9）是在w_a，w_b已知的前提下零售商的最优决策。同理，可以得到制造商的边际利润：

$$\begin{cases}\dfrac{\partial\pi_A}{\partial w_a}=\dfrac{c(-2+\beta+\beta^2-2\beta\varphi-2\beta^2\varphi+4\beta\rho\varphi)-2(-1+\beta)w_a+(-1+\beta)w_b}{4c(-1+\beta)}\\ \dfrac{\partial\pi_B}{\partial w_b}=\dfrac{c(-2+\beta^2(-1+2\varphi)+\beta(-1+4\rho+2\varphi-4\rho\varphi))+(-1+\beta)w_a-2(-1+\beta)w_b}{4c(-1+\beta)}\end{cases}\tag{5-10}$$

根据公式（5－10），可以得到制造商的最优反应函数：

$$\begin{cases}w_a=\dfrac{c[6+\beta^2(-1+2\varphi)+\beta(-1+2\varphi)-4\beta\rho(\varphi+1)]}{3(\beta-1)}\\ w_b=\dfrac{c[-6+\beta^2(-1+2\varphi)+\beta(-1+2\varphi)-4\rho\beta(-2+\varphi)]}{3(-1+\beta)}\end{cases}\tag{5-11}$$

顾客的异质性和顾客对概率产品的风险态度对制造商制定每一期的价格非常重要，然而制造商为了获得更多的信息需要付出较大的成本。现实中，制造商不可能获取市场的完美信息，传统的完美博弈模型不能真实地反映现实博弈情况。制造商在做决策过程中，总是希望通过积极的管理活动来增加利润，制造商的决策不是经过一次博弈就能调整到均衡位置，而是一个不断进行的过程。本章以用 Stackelberg 博弈为例，分析两个制造商和零售商在价格博弈过程中如何维持市场的稳定性。

假设制造商是有限理性决策者，在做下一期的价格决策时，会根据当期的边际利润情况决定下一期价格调整的方向，以获得更大的竞争优势。表征制造商和零售商价格调整机制的二维动态系统如公式（5－12）所示：

$$\begin{cases}w_a(t+1)=w_a(t)+k_1\,w_a(t)\dfrac{\partial\pi_A}{\partial w_a}\\ w_b(t+1)=w_b(t)+k_2\,w_b(t)\dfrac{\partial\pi_B}{\partial w_b}\end{cases}\tag{5-12}$$

其中，k_i，$i=1$，2，是价格调整速度系数。当$\dfrac{\partial\pi_A}{\partial w_a}>0$时，制造商 A 会加快批发价格调整的速度；当$\dfrac{\partial\pi_A}{\partial w_a}<0$时，制造商 A 会减小批发价格调整的速度；当$\dfrac{\partial\pi_A}{\partial w_a}=0$时，制造商 A 继续执行当前决策。

5.2 模型稳定性分析

5.2.1 系统的均衡点

根据不动点定义，在动力系统（5－12）中，令$w_a(t+1)=w_a(t)$，$w_b(t+1)=w_b(t)$可以得到式（5－13）：

$$\begin{cases}k_1 w_a(t)\left[\dfrac{c(-2+\beta+\beta^2-2\beta\varphi-2\beta^2\varphi+4\beta\rho\varphi)-2(-1+\beta)w_a(t)+(-1+\beta)w_b(t)}{4c(-1+\beta)}\right]=0\\ k_2 w_b(t)\left[\dfrac{c(-2+\beta^2(-1+2\varphi)+\beta(-1+4\rho+2\varphi-4\rho\varphi))+(-1+\beta)w_a(t)-2(-1+\beta)w_b(t)}{4c(-1+\beta)}\right]=0\end{cases} \tag{5-13}$$

由公式（5－13），计算出系统（5－12）的四个均衡点

$$E_1(0,0),E_2(\frac{-2c+c\beta+c\beta^2-2c\beta\varphi-2c\beta^2\varphi+4c\beta\rho\varphi}{2(-1+\beta)},0)$$

$$E_3(0,\frac{-2c-c\beta-c\beta^2+4c\beta\rho+2c\beta\varphi+2c\beta^2\varphi-4c\beta\rho\varphi}{2(-1+\beta)})$$

$$E_4(\frac{c[6+\beta^2(-1+2\varphi)+\beta(-1+2\varphi)-4\beta\rho(\varphi+1)]}{3(\beta-1)}$$

$$\frac{c[-6+\beta^2(-1+2\varphi)+\beta(-1+2\varphi)-4\rho\beta(-2+\varphi)]}{3(-1+\beta)})$$

5.2.2 均衡点的稳定性分析

为了分析系统均衡点的稳定性，首先需要计算出系统（5－12）的Jacobian矩阵：

$$J=\begin{vmatrix}J_{11} & \dfrac{k_1 w_a}{4c}\\ \dfrac{k_2 w_b}{4c} & J_{22}\end{vmatrix} \tag{5-14}$$

其中，

$$J_{11}=1-\frac{k_1 w_a}{2c}+\frac{k_1[c(-2+\beta-2\varphi\beta+4\varphi\beta\rho+\beta^2-2\varphi\beta^2)-2w_a(-1+\beta)+w_b(-1+\beta)]}{4c(-1+\beta)}$$

$$J_{22}=1-\frac{k_2 w_b}{2c}+\frac{k_2[c(-2-\beta+4\rho\beta+2\varphi\beta-4\rho\varphi\beta-\beta^2+2\varphi\beta^2)+w_a(-1+\beta)-2w_b(-1+\beta)]}{4c(-1+p)}$$

根据 Li 的文献，得知E_1，E_2，E_3为不稳定的边界均衡点。E_4为系统（5－12）的唯一纳什均衡点。纳什均衡点的经济含义是制造商不会提高价格或降低价格，市场处于稳定状态。经过有限次重复博弈，系统会稳定在纳什均衡点。

下面来分析纳什均衡点E_4的稳定性。首先计算矩阵（5－14）的特征多项式：

$$f(\lambda)=\lambda^2+A_1\lambda+A_0 \tag{5-15}$$

其中，$A_1=-J_{11}-J_{22}$，$A_0=J_{11}J_{22}-J_{12}J_{21}$。

根据 Jury 条件，纳什均衡点的局部稳定条件的充分必要条件满足以下方程：

$$\begin{cases}1+A_1+A_0>0\\1-A_1+A_0>0\\|A_0|<1\end{cases} \tag{5-16}$$

只有同时满足公式 5－16 的三个条件，系统（5－12）的纳什均衡点才能处于局部稳定状态，违背任何一条都会导致系统（5－12）产生复杂的动力学行为。$|A_0|=1$ 时，系统（5－12）会产生 Neimark－Sacker 分岔；$1-A_1+A_0=0$ 时，系统（5－12）会产生 Flip 分岔。公式（5－16）定义了（k_1，k_2）上纳什均衡点的一个稳定区域，一旦k_1，k_2 的取值超出这个稳定区域，纳什均衡点E_4就会变得不稳定。这说明两个制造商为了获得自身利润的最大化，会不断加快价格调整速度，一旦调整速度超过稳定区域，市场就会变得无序。

接下来从实际竞争角度，给出市场四个固定点的稳定性的经济学意义。①在固定点E_1 处，两个制造商的批发价格为零，说明两个制造商亏本经营或者放弃经营退出市场，显然这种情况不可能发生。②在固定点E_2，E_3处，传统销售策略和概率销售策略的制造商面对的是相似的情景，即只有一个制造商在经营，另一个制造商退出市场。存有巨大的市场潜力的情况，这在现实中很难实现，所以系统（5－12）在E_2，E_3也是不稳定的。③在纳什均衡点E_4，意味着两种销售策略下的制造商的边际利润为零，这时双方都达到各自的最大利润，市场处于均衡状态，公式（5－16）是系统（5－12）的稳定条件。

为便于理解，考虑现实的竞争情况，令 $v=110$，$c=4$，$\varphi=0.4$，$\beta=0.8$，$\rho=0.95$，得到 Jacobian 矩阵，如公式 5－17 所示：

$$J=\begin{vmatrix} A_2 & 0.0625\,k_1\,w_a \\ 0.0625\,k_2\,w_b & A_3 \end{vmatrix} \tag{5-17}$$

其中，$A_2=1-\dfrac{k_1\,w_a}{8}-0.313\,k_1(-1.952+0.4\,w_a-0.2\,w_b)$

$A_3=1-0.313\,k_2(-1.888-0.2\,w_a+0.4\,w_b)-\dfrac{k_2\,w_b}{8}$

将均衡点E_1 带入公式（5－17）得到：

$$J_1=\begin{vmatrix} 1+0.61\,k_1 & 0 \\ 0 & 1+0.59\,k_2 \end{vmatrix}$$

J_1 的特征方程为$f_1(\lambda)=(\lambda-1-0.61\,k_1)(\lambda-1-0.59\,k_2)=0$，特征值$\lambda_1=1+0.61\,k_1$，$\lambda_2=1+0.59\,k_2$。可以看出两个特征值都大于零，$E_1$ 是不稳定的均衡点；同理可得E_2，E_3是系统（5－12）的不稳定鞍点。

验证纳什均衡点E_4的稳定性，将均衡解$E_4=(9.653,\ 9.547)$带入公式（5－17），得到E_4的 Jacobian 矩阵为：

$$J_4=\begin{vmatrix} 1-1.21\,k_1 & 0.6\,k_1 \\ 0.6\,k_2 & 1-1.19\,k_2 \end{vmatrix}$$

特征方程为：$f_4(\lambda)=(\lambda-1+1.21\,k_1)(\lambda-1+1.19\,k_2)-0.36\,k_1\,k_2=0$，可以看出纳什均衡点$E_4$的局部稳定性受价格调整速度$k_1$，$k_2$ 的影响。

根据 Jury 稳定性判据，得到纳什均衡点的渐进稳定性条件：

$$\begin{cases} 4-2.42\,k_1-2.38\,k_2+1.08\,k_1\,k_2>0 \\ 1.08\,k_1\,k_2>0 \\ |1-1.21\,k_1-1.19\,k_2+1.08\,k_1k_2|<1 \end{cases} \tag{5-18}$$

条件（5－18）定义了纳什均衡点E_4在（k_1，k_2）平面上的一个局部渐进稳定区域。一旦价格调整速度超出了这个稳定范围，纳什均衡点将变得不稳定，市场竞争将变得无序，出现分叉甚至混沌现象。

为了更好地研究参数对于系统（5－12）稳定性的影响，应用Matlab软件，对系统（5－12）的稳定域进行仿真，各个参数的取值继续使用前面设定。图5－2是参数β对系统（5－12）的影响，图5－3是参数ρ对系统（5－12）的影响，图5－4是参数φ对系统（5－12）的影响。

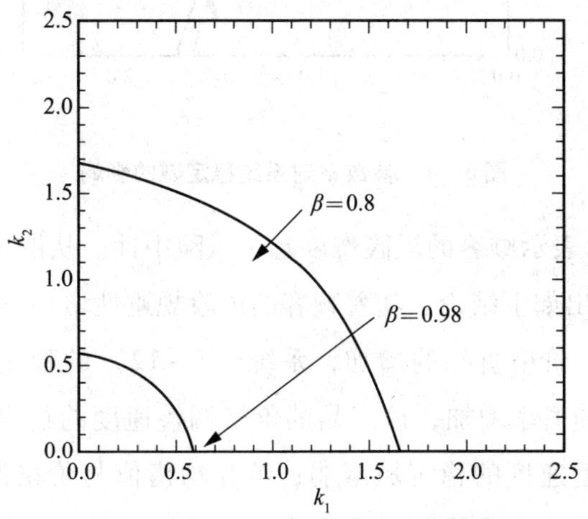

图5－2　参数β对系统稳定域的影响

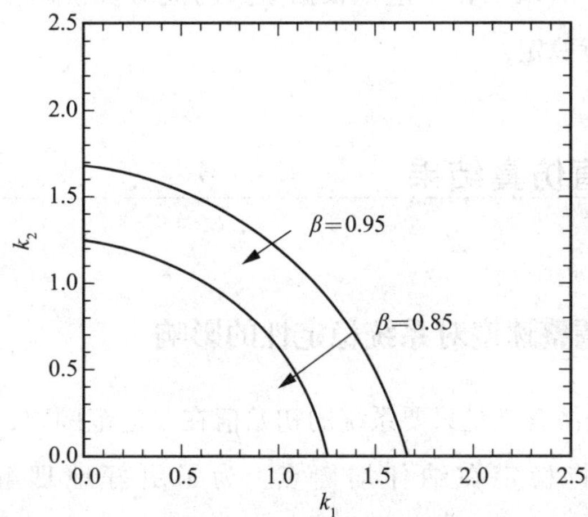

图5－3　参数ρ对系统稳定域的影响

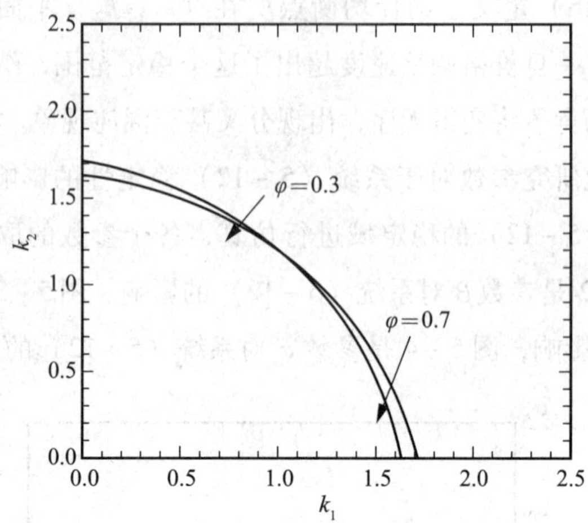

图 5-4 参数 φ 对系统稳定域的影响

β 值趋于 1 表示顾客的风险态度趋于风险中性。从图 5-2、图 5-3、图5-4 可以得出如下结论：随着顾客的风险规避性增加，系统（5-12）的稳定域增加；价格折扣的增加，系统（5-12）的稳定域降低；产品成为概率产品的概率增加，该产品的价格调整速度的稳定域增加，其他产品的价格调整速度的稳定域减弱；纳什均衡值与价格调整速度无关，但是制造商调整速度太快超过稳定区域，系统（5-12）将变得不稳定甚至陷入混乱。所以 A 和 B 应该根据参数的值对价格调整速度进行控制从而使市场保持稳定。

5.3 数值仿真结果

5.3.1 价格调整速度对系统稳定性的影响

稳定域的经济含义是只要系统的初始值在一定范围内，经过有限次博弈，系统最终将稳定在纳什均衡点。为了更好地理解参数对系统（5-12）的动态博弈过程的影响，应用 Matlab 软件，对系统（5-12）的动态博弈动力学行为进行数值仿真，分析价格调整速度对系统（5-12）

演化过程的影响。由于供应链的结构具有相似性，本节仅研究k_1 对系统（5－12）动态特征的影响。

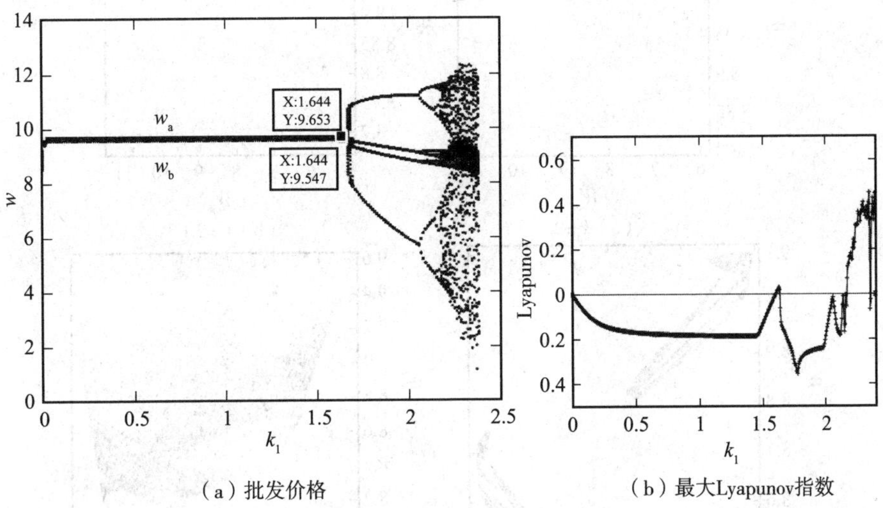

（a）批发价格

（b）最大Lyapunov指数

图5－5　k_2＝0.2时系统（5－12）的分岔和对应的最大Lyapunov指数

图5－5表示当$k_2=0.2$时，随着k_1 的增加系统（5－12）的分岔和最大Lyapunov指数。图5－6是系统（5－12）处于在不同状态下的吸引子。图5－7是系统（5－12）在混沌状态时的功率谱。当$k_1<1.644$时，系统（5－12）稳定在纳什均衡点；$k_1=1.644$时，系统（5－12）进入二周期分岔状态，如图5－6（a）和图5－7（a）所示；之后随着调整速度的增加，系统（5－12）从四周期分岔状态演化为混沌状态，表现出复杂的动力学行为。如$k_1>2.2$时，系统（5－12）进入混沌状态，如图5－6（c）和（d）和图5－7（b）所示。可以发现$w_a>w_b$，这是因为产品a成为概率产品的概率小于产品b成为概率产品的概率，导致制造商A设置比较高的批发价格。

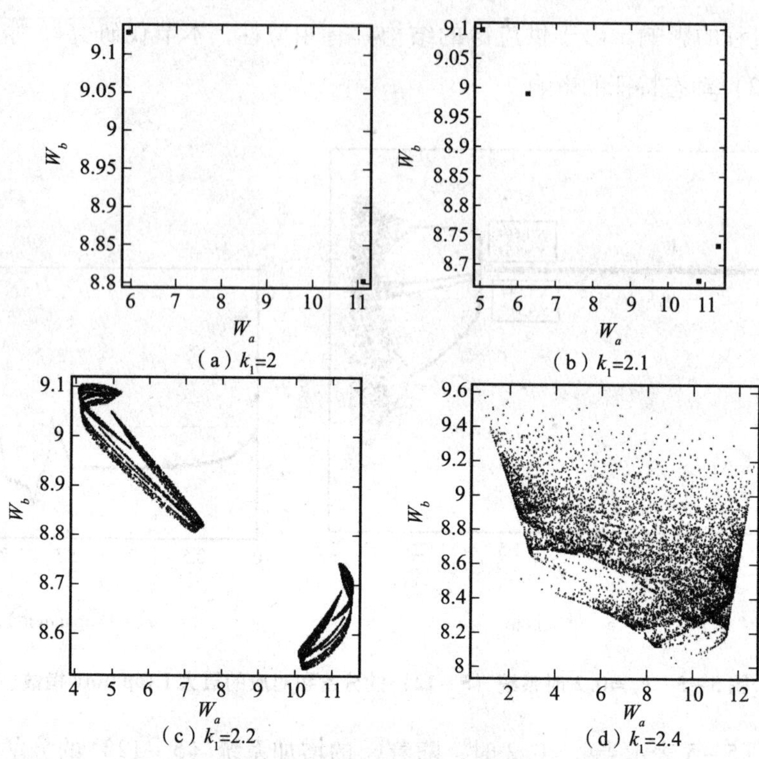

图5-6 当$k_2=0.2$时系统在不同状态下的吸引子

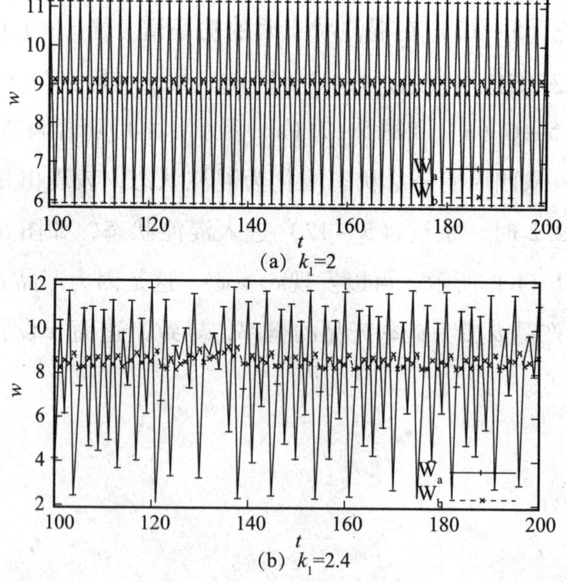

图5-7 $k_2=0.2$时系统(5-12)在不同状态下的功率谱

混沌的另外一个重要特征是对初值的敏感依赖性。图5-8表示当系统（5-12）取不同初始值时制造商的批发价格随着时间的变化情况。刚开始博弈时，初始值对系统（5-12）的影响不明显；但是随着博弈次数的增加，批发价格之间的差异逐渐增大。也就是说，初始值之间的微小差异将会对博弈结果产生很大影响。对初值的敏感依赖性说明系统（5-12）处于混沌状态。因此，制造商的每一次决策都会导致很大损失。

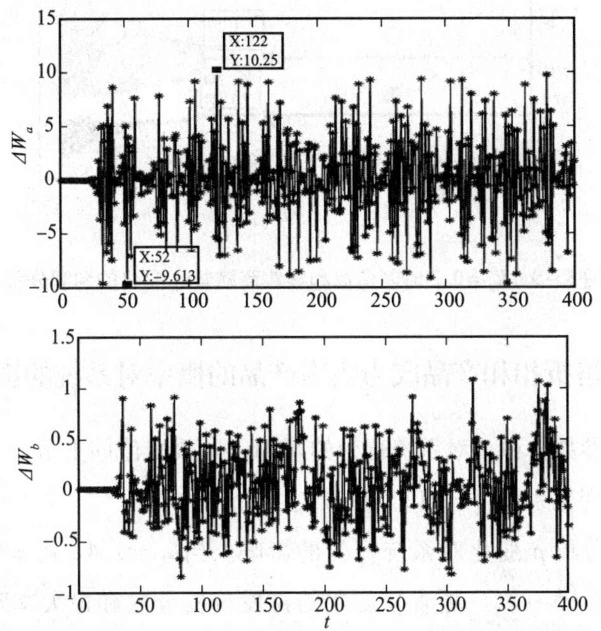

图5-8　$k_1=2.4$，$k_2=0.2$，$(w_a, w_b)=(6, 2)$ 和 $(6.001, 2)$ 时 w_a，w_b 之间的差别

图5-9是 $k_2=0.2$ 时制造商和零售商随着 k_1 变化时的利润分岔。可以看出，制造商 B 的利润大于制造商 A 的利润，这是因为产品 b 成为概率产品的概率大于产品 a 成为概率产品的概率，顾客对产品 b 的需求量大于产品 a。产品成为概率产品的概率越大，制造商就越有收益，这一点表明概率产品和制造商的盈利能力有着紧密联系。一旦系统（5-12）进入混沌状态，制造商和零售商的利润则呈现不稳定、无序波动状态，这对制造商和零售商来说都是不利的。

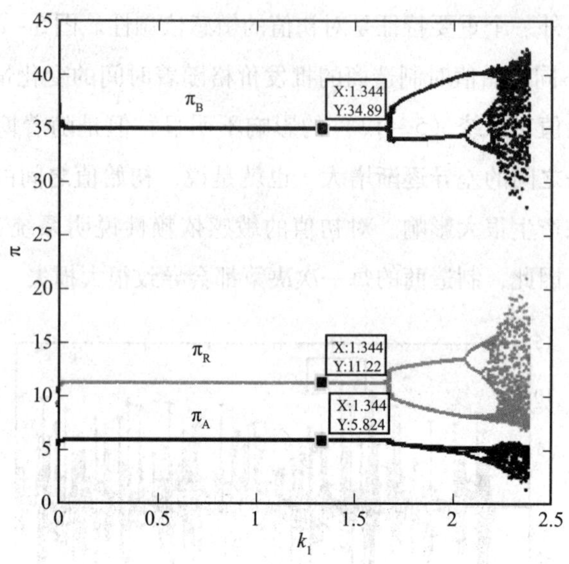

图 5-9 $k_2=0.2$ 时制造商和零售商随着 k_1 变化的利润分岔

5.3.2 价格折扣和产品成为概率产品的概率对系统的影响

考虑到参数 ρ 和 φ 对系统行为的影响，参数取值同上节，分析随着参数 ρ 和 φ 的变化系统（5-12）决策变量的运动方向。

首先，分析 ρ 变化对系统行为的影响。当 $k_1=1.4$，$k_2=0.2$ 时，图 5-10是系统（5-12）随着 ρ 变化的批发价格分岔和最大李雅普诺夫指数。可以看出当调整参数一定时，随着 ρ 的增加，系统（5-12）经历了从混沌状态到稳定状态的复杂性演化行为；图 5-11 是系统（5-12）在不同周期下的吸引子；图 5-12 是系统（5-12）在不同状态下的功率谱。可以看出，当 $\rho \leqslant 0.83$ 时，系统（5-12）处于混沌状态，如图 5-11（a）、图 5-11（b）和图 5-12（a）所示；$\rho=0.84$ 时，系统（5-12）处于八周期状态，如图5-11（c）；$\rho=0.85$ 时，系统（5-12）处于四周期状态，如图 5-11（d）；$\rho=0.95$ 时，系统（5-12）稳定在纳什均衡点，如图 5-12（b）。批发价格分岔和李雅普诺夫指数是一致的，当大多数李雅普诺夫指数大于零，说明系统处于不稳定状态；当大多数李雅普诺夫指数小于零，系统处于稳定状态。随着折扣因子的增加，制造商 A 和 B

的批发价格都降低。可以得到如下结论：供应链在动态演化过程中折扣因子影响着系统（5-12）的稳定性。考虑到决策调整和供应链的结构，当制造商的价格调整速度一定时，制造商和零售商要确定一个合理的折扣因子，使供应链的竞争处于有序状态。

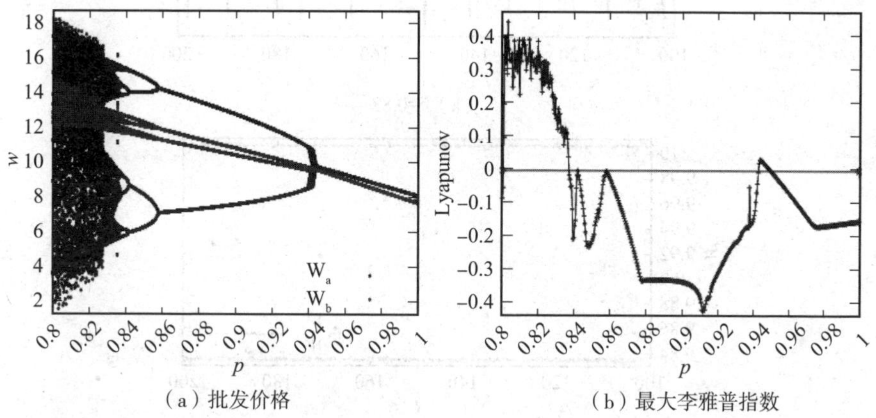

（a）批发价格　　（b）最大李雅普指数

图5-10　当$\rho \in [0.8, 1]$，$k_1 = 1.4$，$k_2 = 0.2$ 时系统（5-12）的分岔和相应的李雅普指数

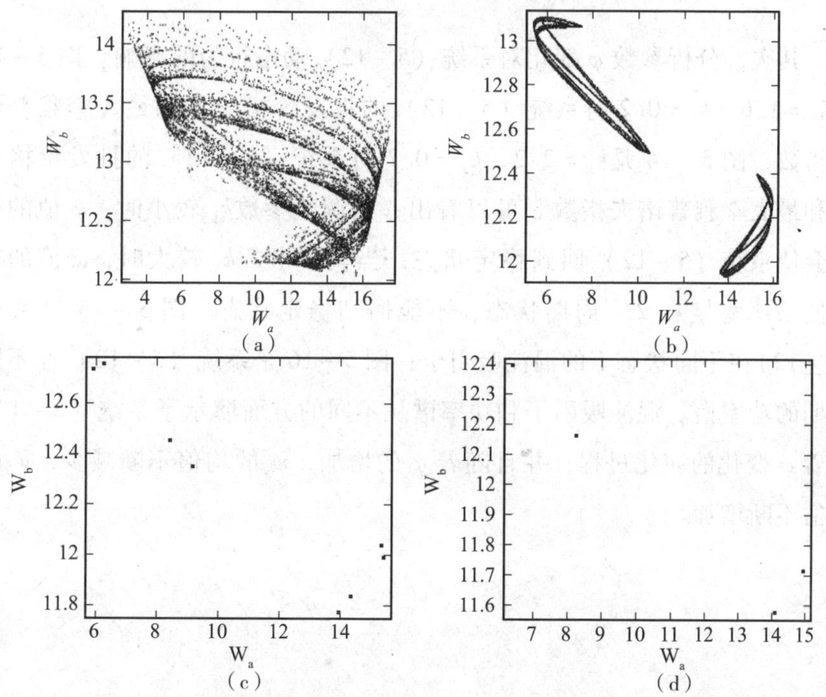

图5-11　当$k_1 = 1.4$，$k_2 = 0.2$ 时系统（5-12）在不同状态下的吸引子

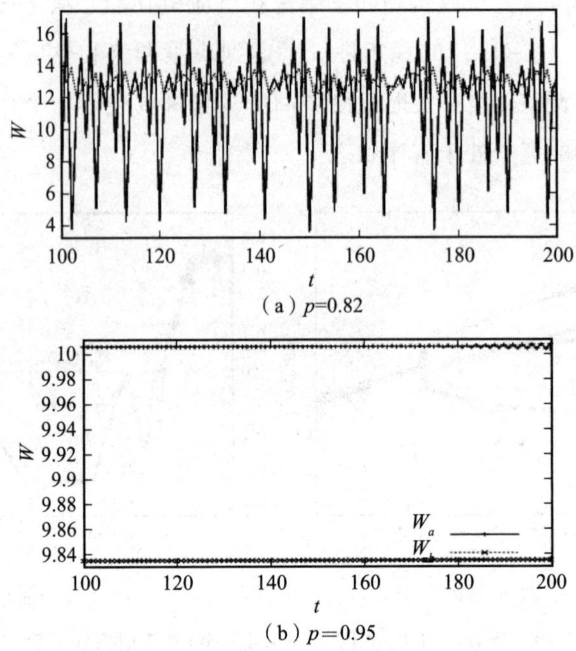

（a）p=0.82

（b）p=0.95

图 5－12　k_1 =1.4，k_2 =0.2 时系统（5－12）的功率谱

其次，分析参数 φ 变化对系统（5－12）动态行为的影响。图 5－13 是k_1 =1.6，k_2 =0.2 时系统（5－12）的批发价格分岔和最大李雅普诺夫指数、图 5－14 是k_1 =2.2，k_2 =0.2 时系统（5－12）的批发价格分岔和最大李雅普诺夫指数。可以看出，当调整参数k_1 较小时，φ 值的增加会使系统（5－12）回到稳定状态；当调整参数k_1 较大时，φ 值的增加使系统稳定在 2－周期状态，不能回到稳定状态。图 5－15 是系统(5－12)在不同状态下的混沌吸引子；图 5－16 是系统（5－12）在不同周期的功率谱。混沌吸引子和功率谱从不同的方面演示了系统（5－12）随着 φ 变化的演化过程；并且随着 φ 的增加，w_a的均值不断减少，w_b的均值不断增加。

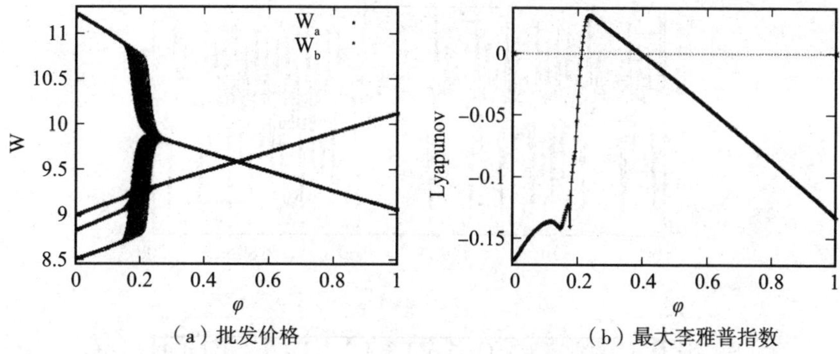

（a）批发价格　　（b）最大李雅普指数

图5-13　当$k_1=1.6$，$k_2=0.2$时系统（5-12）的价格分岔和最大李雅普指数

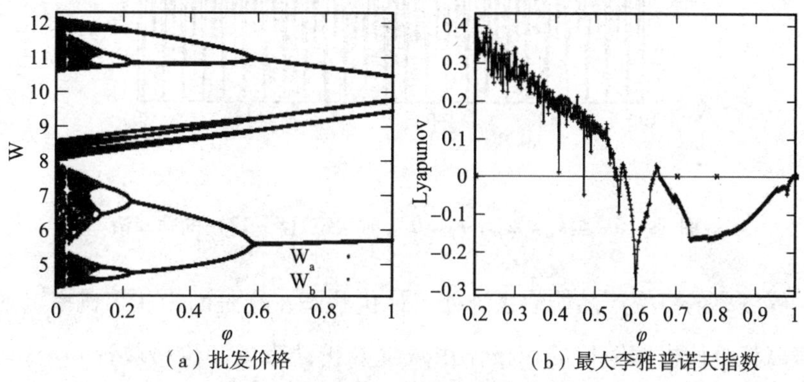

（a）批发价格　　（b）最大李雅普诺夫指数

图5-14　当$k_1=2.2$，$k_2=0.2$时系统（5-12）的价格分岔和最大李雅普指数

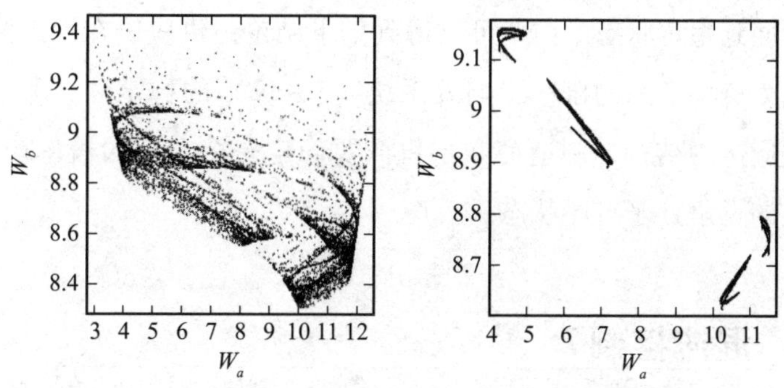

图5-15　$k_1=2.2$，$k_2=0.2$时系统（5-12）的混沌吸引子

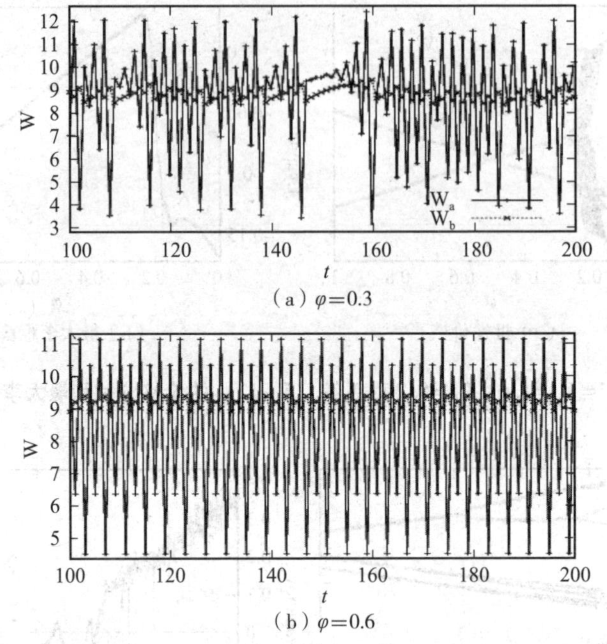

（a）$\varphi=0.3$

（b）$\varphi=0.6$

图5-16 当$k_1=2.2$，$k_2=0.2$时系统（5-12）的功率谱

等概率的概率产品能使系统处于最优状态，这是因为从等概率点处发生偏离将会使概率销售的积极作用减少（扩大市场和价格歧视）。从动态博弈的角度来看，当调整参数不太大时，φ值的增加会使系统（5-12）回到稳定状态；当调整参数较大时，φ值的增加使系统稳定在2-周期状态，不能回到稳定状态。由此可以得到如下结论：供应链在动态演化过程中产品成为概率产品的概率影响着系统（5-12）的稳定性，考虑到决策调整和供应链的结构，制造商和零售商要确定一个合理的概率产品比重，使供应链的竞争处于有序状态。

5.4 混沌控制

复杂的动态供应链中，市场的均衡状态是短暂的。系统的诸多因素（如制造商的价格调整速度，顾客对概率产品的风险态度，折扣因子等）

都会使市场从均衡状态偏离，市场变得不稳定甚至出现混沌。一旦市场处于混沌状态，因为混沌状态对市场参数具有敏感依赖性，参数变化会导致市场的长期运动轨迹产生巨大差异，市场变得不可预测。

根据供应链系统的运行机制，系统往往是回避系统发生混沌的，因为混沌状态引发的无序市场行为对参与者不利，必须采取一定的控制方法抑制或消除市场的混沌行为。因此，在概率销售策略模式下，有限理性的制造商会根据所处的环境，不断调整自己的管理行为，试图改变市场所处的状态。本节使用非线性反馈控制方法对所建立的二维离散系统（5－12）进行混沌控制，假定原系统可以表示为：

$$\begin{cases} w_a(t+1) = f_1(w_a(t), w_b(t)) \\ w_b(t+1) = f_2(w_a(t), w_b(t)) \end{cases}$$

对系统（5－12）加入非线性反馈控制：

$$\mu(\varepsilon, x_n) = \alpha \sum_{i=1}^{p} (x_n - x_i) \tag{5-19}$$

其中，α 是反馈控制系数，p 为不稳定的周期轨道数，$\{x_i\}$ 为系统失稳的不动点或不稳定的周期轨道。反馈控制系数 α 可以将系统稳定在任意周期轨道上。利用非线性反馈控制方法，对系统（5－12）关于w_1 进行控制，被控系统为（5－20）：

$$\begin{cases} w_a(t+1) = f_1(w_a(t), w_b(t)) + \alpha \sum_{i=1}^{p} (x_n - x_i) \\ w_b(t+1) = f_2(w_a(t), w_b(t)) \end{cases} \tag{5-20}$$

已知参数取值为 $v=110$，$c=4$，$\varphi=0.4$，$\beta=0.8$，$\rho=0.95$。当$k_1=2.2$，$k_2=0.2$ 时系统（5－12）处于混沌状态。本节考虑将系统（5－12）稳定在二周期不动点上，即$w_a=6.673$ 和 11.09 上。被控系统（5－20）可以表示为系统（5－21）：

$$\begin{cases} w_a(t+1) = f_1(w_a(t), w_b(t)) + \alpha(w_a(t) - 6.673)(w_a(t) - 11.09) \\ w_b(t+1) = f_2(w_a(t), w_b(t)) \end{cases} \tag{5-21}$$

图5－17是随着 α 变化的受控系统状态图，可以看出，$\alpha \in [0.0913,$

0.1782］范围内系统稳定在二周期点上，系统（5－12）在非线性反馈控制下取得了很好的控制效果。

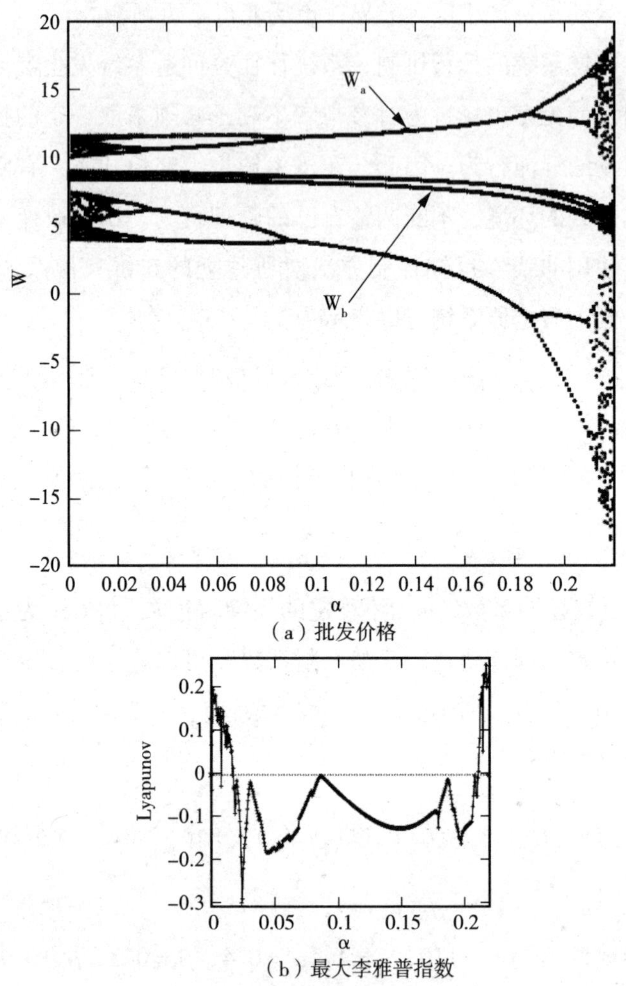

（a）批发价格

（b）最大李雅普指数

图 5－17　k_1＝2.4，k_2＝0.2 时系统（5－21）演化过程

5.5　本章小结与现实启示

5.5.1　本章小结

本章研究了由两个制造商和一个零售商组成的供应链价格竞争的博弈

模型。该模型考虑了产品的概率销售策略和消费者对概率产品的风险态度，制造商和零售商之间遵循 Stackelberg 博弈，制造商处于领导地位。两个制造商将传统产品和概率产品委托给零售商，零售商通过传统销售渠道和概率销售渠道将产品销售给顾客。建立动态 Stackelberg 博弈模型并分析了参数变化对模型稳定性的影响。发现顾客对概率产品的风险态度，价格折扣因子以及产品成为概率产品的概率对系统的稳定性有着重要影响。如果顾客对概率产品的风险态度趋于中性，系统的稳定性降低；反之，如果顾客对概率产品的风险态度趋于风险规避，系统的稳定性反而增加。所以制造商加快价格调整策略来取得竞争优势时，必须考虑顾客对概率产品的风险偏好，决策时要更为谨慎。研究还发现价格折扣越大，系统的稳定性降低；价格折扣越小，系统的稳定性增加。所以价格折扣较小时，制造商会有很大空间调整价格以获得更大的竞争优势。可以发现产品成为概率产品的概率也影响着系统的稳定性。仿真结果发现，当制造商确定了价格调整速度，随着价格折扣和产品成为概率产品的概率的变化，系统从混沌状态逐步进入稳定状态。

本章通过对模型的数值仿真，给出了系统的价格分岔图、混沌吸引子、功率谱以及对初值的敏感图，展示了模型在长期动态博弈演化过程中的动态特征。通过模拟制造商和零售商利润变化图，发现一旦系统进入不稳定状态，制造商和零售商的利润就变得不稳定，低于稳定状态的利润，所以制造商和零售商都希望在有序的市场状态下进行竞争。最后运用非线性反馈控制方法对系统进行了混沌控制。新加入的控制参数改变了系统的结构，确定了受控系统处于稳定状态下的控制参数的取值范围。发现这种方法使系统的混沌现象得到了很好的控制。

在现实竞争中，具有替代性的产品种类越来越多。制造商会选择共同的零售商来销售产品，来减少产品的销售成本。本书所建立的模型比较贴近现实问题，具有更强的解释力。

5.5.2 现实启示

现实中，产品的同质化是“价格战”的根本原因，加上制造商为了争夺市场份额，“价格战”就愈演愈烈。过度的“价格战”会导致市场的不稳定和企业的利润受损。概率销售策略相比于传统营销策略而言，具有多方面的竞争优势，如根据消费者的偏好不同实现价格歧视、细分市场以及减少市场不确定。所以，竞争者不要采取“价格战”，应该采取概率销售策略模式拓展整个行业的发展空间，使竞争者的自身利润增加。概率销售策略模式不仅可以供零售商使用，而且还可以由制造商直接使用。所以，认清自己所处供应链的结构环境，对制造商和零售商采用概率销售策略模式做下一步决策非常重要。

第 6 章

风险规避型供应链广告投入博弈模型的复杂性研究

随着生活水平的提高和经济全球化，产品变得越来越个性化，使制造商之间的竞争甚至供应链之间的竞争日益激烈。目前，关于供应链管理的研究主要集中在任意需求的市场竞争和上游与下游渠道的协调上，如渠道内制造商和零售商谁是主导者，渠道竞争对价格策略有什么影响。Zhang等（2012）和Ma等（2012）研究了双边专有零售商的双渠道供应链产品的替代性和渠道位置的影响。LIU等（2014）研究了非对称竞争的供应链广告策略问题。Karray和Amin（2015）研究了具有零售商竞争的供应链的合作广告问题，研究发现当市场具有低水平的价格竞争和高水平的广告竞争时，合作广告不一定使零售商和渠道收益。本章在前面研究的基础上，将广告投入引入到风险规避型供应链竞争中。考虑广告投入对消费者需求的影响，针对已有文献对风险规避型供应链的研究现状，从动态决策的角度建立了广告投入动态博弈模型并对其长期博弈行为进行研究。

6.1 问题描述与模型构建

本章研究了由两个制造商和两个零售商组成的双渠道供应链系统，如图6-1所示。两个制造商通过专属的零售商将产品销售给顾客，制造商1和制造商2通过广告投入（A_1和A_2）进行竞争，零售商1和零售商2对零售价格（p_1和p_2）进行决策。

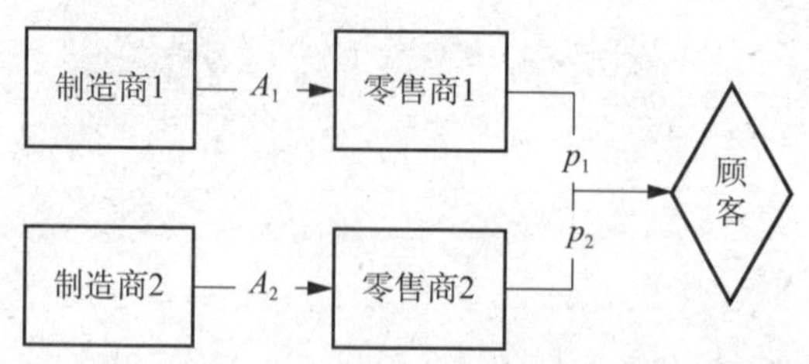

图 6-1 双渠道供应链系统

6.1.1 模型假设

假设 1：两个制造商生产具有一定替代性产品 1 和产品 2，并通过专有的零售商在同一市场上进行销售。制造商是领导者，零售商是顺从者，制造商进行广告投资决策。

假设 2：制造商与零售商签订成本契约，即零售商承担一部分制造商的广告投入成本。零售商根据制造商的决策信息进行价格竞争。

假设 3：两个制造商的生产成本为零，零售商的运作和销售成本为零。

假设 4：顾客需求具有随机性；两个制造商为有限理性决策者，具有过度自信行为；零售商具有风险规避行为。

6.1.2 模型构建

本节主要考虑两种博弈模型：

（1）分散决策模型：制造商和零售商为了各自利润最大化同时决策，用上标符号（D）表示。

（2）斯坦科尔伯格博弈：制造商首先根据掌握的信息对广告投入进行决策；零售商根据制造商的信息再进行价格决策，用上标符号（S）表示。

根据文献，结合市场实际竞争情况，公式（6-1）给出了两种产品的需求函数：

$$\begin{cases} D_1 = a_1 - \theta p_1 + b p_2 + (\alpha + \delta_1)\sqrt{A_1} - \beta\sqrt{A_2} \\ D_2 = a_2 - \theta p_2 + b p_1 + (\alpha + \delta_2)\sqrt{A_2} - \beta\sqrt{A_1} \end{cases} \tag{6-1}$$

其中，a_1 和 a_2 是产品 1 和产品 2 的市场基础需求量，θ 是产品的价格弹性，

b 是产品的交叉价格弹性，α 是产品需求对广告投入的敏感性，$\delta_i \geqslant 0$ 表示制造商的过度自信系数，δ_i越大，表示供应商对自己广告投入效果过度估计程度越高，β 表示产品的交叉广告投入弹性。

目前，广告投入对制造商而言是一个巨大挑战。对于新上市的产品而言，制造商的广告投入直接影响产品的市场需求量。制造商和零售商在决策过程中是采用分散决策还是序贯决策是本节研究的主要问题。

1. 分散决策模型

现实中，制造商和零售商同时进行决策来实现利润的最大化。在这种情况下，制造商和零售采用分散定价策略，制造商具有过度自信行为，零售商具有风险规避行为。顾客对产品的基本需求具有不确定性，即$a_i = \overline{a_i} + \varepsilon_i$，$i=1$，2，$\varepsilon_i$服从正态分布，其均值为零，方差为$\sigma_i$，$i=1$，2。双渠道供应链中制造商和零售商的期望利润函数可以表示为式（6-2）：

$$\begin{cases} \pi_{M_1}^D = w_1 D_1 - \varphi_1 A_1^D \\ \pi_{M_2}^D = w_2 D_2 - \varphi_2 A_2^D \\ E(U_{R_1}^D) = (p_1^D - w_1) D_1 - (1-\varphi_1) A_1^D - \dfrac{(p_1^D - w_1)^2 \sigma_1^2}{2 R_{R_1}} \\ E(U_{R_2}^D) = (p_2^D - w_2) D_2 - (1-\varphi_2) A_2^D - \dfrac{(p_2^D - w_2)^2 \sigma_2^2}{2 R_{R_2}} \end{cases} \tag{6-2}$$

其中，w_1 和w_2 是产品 1 和产品 2 的批发价格，φ_i，$i=1$，2，是广告成本分担系数，R_{R_i}，$i=1$，2，是零售商风险规避水平。

可以得到制造商和零售商的边际利润为：

$$\begin{cases} \dfrac{\partial \pi_{M_1}^D}{\partial A_1^D} = \dfrac{w_1(\alpha + \delta_1)}{2\sqrt{A_1^D}} - \varphi_1 \\ \dfrac{\partial E(U_{R_1}^D)}{\partial p_1^D} = \overline{a}_1 - \beta\sqrt{A_2^D} - 2\theta p_1^D + b p_2^D + \theta w_1 + \sqrt{A_1^D}(\alpha + \delta_1) - \dfrac{(p_1^D - w_1)\sigma_1^2}{R_{R_1}} \\ \dfrac{\partial \pi_{M_2}^D}{\partial A_2^D} = \dfrac{w_2(\alpha + \delta_2)}{2\sqrt{A_2^D}} - \varphi_2 \end{cases}$$

$$\left\{\frac{\partial E(U_{R_2}^D)}{\partial p_2^D}=\bar{a}_2-\beta\sqrt{A_1^D}+b\,p_1^D-2\theta\,p_2^D+\theta\,w_2+\sqrt{A_2^D}(\alpha+\delta_2)-\frac{(p_2^D-w_2)\sigma_2^2}{R_{R_2}}\right. \tag{6-3}$$

通过计算，得出制造商和零售商在均衡状态下的广告投入和产品价格为

$$\begin{cases}A_1^D=\left(\dfrac{w_1(\alpha+\delta_1)}{2\,\varphi_1}\right)^2\\ A_2^D=\left(\dfrac{w_2(\alpha+\delta_2)}{2\,\varphi_2}\right)^2\\ p_1^D=\dfrac{b\,g_2+(2\theta-\dfrac{\sigma_2^2}{R_{R_2}})g_1}{\dfrac{\sigma_1^2\,\sigma_2^2}{R_{R_1}R_{R_2}}+\dfrac{2\theta\,\sigma_1^2}{R_{R_1}}+\dfrac{2\theta\,\sigma_2^2}{R_{R_2}}+4\,\theta^2-b^2}\\ p_2^D=\dfrac{b\,g_1+(2\theta-\dfrac{\sigma_1^2}{R_{R_1}})g_2}{\dfrac{\sigma_1^2\,\sigma_2^2}{R_{R_1}R_{R_2}}+\dfrac{2\theta\,\sigma_1^2}{R_{R_1}}+\dfrac{2\theta\,\sigma_2^2}{R_{R_2}}+4\,\theta^2-b^2}\end{cases} \tag{6-4}$$

其中，$g_1=\bar{a}_1+\theta\,w_1-\dfrac{\beta w_2(\alpha+\delta_2)}{2\,\varphi_2}+\dfrac{w_1\,(\alpha+\delta_1)^2}{2\,\varphi_1}+\dfrac{w_1\,\sigma_1^2}{R_{R_1}}$，$g_2=\bar{a}_2+\theta\,w_2-\dfrac{\beta w_1(\alpha+\delta_1)}{2\,\varphi_1}+\dfrac{w_2\,(\alpha+\delta_2)^2}{2\,\varphi_2}+\dfrac{w_2\,\sigma_2^2}{R_{R_2}}$。

（2）斯坦科尔伯格博弈模型

两个制造商首先确定自己的广告投入，零售商根据制造商的决策信息再确定产品的零售价格。由利润函数（6－2），由后推法，可以得到零售商的边际利润：

$$\begin{cases}\bar{a}_1-\theta\,p_1^S+b\,p_2^S+\sqrt{A_1^S}(\alpha+\delta_1)-\beta\sqrt{A_2^S}-\theta(p_1^S-w_1)-\dfrac{(p_1^S-w_1)\sigma_1^2}{R_{R_1}}=0\\ \bar{a}_2-\theta\,p_2^S+b\,p_1^S+\sqrt{A_2^S}(\alpha+\delta_2)-\beta\sqrt{A_1^S}-\theta(p_2^S-w_2)-\dfrac{(p_2^S-w_2)\sigma_2^2}{R_{R_2}}=0\end{cases} \tag{6-5}$$

可以得到零售商最优反应函数：

$$\begin{cases} p_1^S = \dfrac{\left[-\sqrt{A_2^S}\beta + \bar{a}_1 + \theta w_1 + \sqrt{A_1^S}(\alpha+\delta_1) + \dfrac{w_1\sigma_1^2}{R_{R_1}}\right]\left(-2\theta - \dfrac{\sigma_2^2}{R_{R_2}}\right) -}{b^2 - (2\theta - \dfrac{\sigma_1^2}{R_{R_1}})(2\theta + \dfrac{\sigma_2^2}{R_{R_2}})} \\ \dfrac{b\left[\bar{a}_2 - \sqrt{A_1^S}\beta + \theta w_2 + \sqrt{A_2^S}(\alpha+\delta_2) + \dfrac{w_2\sigma_2^2}{R_{R_2}}\right]}{b^2 - (2\theta - \dfrac{\sigma_1^2}{R_{R_1}})(2\theta + \dfrac{\sigma_2^2}{R_{R_2}})} \\ p_2^S = \dfrac{\left(-2\theta - \dfrac{\sigma_2^2}{R_{R_2}}\right)\left[-\sqrt{A_1^S}\beta + \bar{a}_2 + \theta w_2 + \sqrt{A_2^S}(\alpha+\delta_2) + \dfrac{w_2\sigma_2^2}{R_{R_2}}\right] -}{b^2 - (2\theta + \dfrac{\sigma_1^2}{R_{R_1}})(2\theta + \dfrac{\sigma_2^2}{R_{R_2}})} \\ \dfrac{b\left[\bar{a}_1 - \sqrt{A_2^S}\beta + \theta w_1 + \sqrt{A_1^S}(\alpha+\delta_1) + \dfrac{w_1\sigma_1^2}{R_{R_1}}\right]}{b^2 - (2\theta + \dfrac{\sigma_1^2}{R_{R_1}})(2\theta + \dfrac{\sigma_2^2}{R_{R_2}})} \end{cases} \tag{6-6}$$

将公式（6-6）带入制造商的利润函数并对广告投入求一阶导数得：

$$\begin{cases} \dfrac{w_1(\theta R_{R_1} + \sigma_1^2)[R_{R_2}(-b\beta + 2\alpha\theta + 2\theta\delta_1) + \sigma_2^2(\alpha+\delta_1)]}{2\sqrt{A_1^S}\sigma_1^2(2\theta R_{R_2} + \sigma_2^2) + 2\sqrt{A_1}R_{R_1}[2\theta\sigma_2^2 - R_{R_2}(b^2 - 4\theta^2)]} - \phi_1 = 0 \\ \dfrac{w_2(\theta R_{R_2} + \sigma_2^2)[R_{R_1}(b\beta - 2\alpha\theta - 2\theta\delta_2) - \sigma_1^2(\alpha+\delta_2)]}{2\sqrt{A_2^S}[-\sigma_1^2(2\theta R_{R_2} + \sigma_2^2) + R_{R_2}R_{R_1}(b^2 - 4\theta^2) - 2\theta R_{R_1}\sigma_2^2)]} - \phi_2 = 0 \end{cases} \tag{6-7}$$

由此，可以得到制造商的最优反应函数为：

$$\begin{cases} \sqrt{A_1^S} = -\dfrac{w_1(\theta R_{R_1} + \sigma_1^2)[R_{R_2}(-b\beta + 2\alpha\theta + 2\theta\delta_1) + \sigma_2^2(\alpha+\delta_1)]}{2\phi_1(-\sigma_1^2(2\theta R_{R_2} + \sigma_2^2) + R_{R_1}R_{R_2}(b^2 - 4\theta^2) - 2\theta R_{R_1}\sigma_2^2))} \\ \sqrt{A_2^S} = \dfrac{w_2(\theta R_{R_2} + \sigma_2^2)[R_{R_1}(-b\beta - 2\alpha\theta - 2\theta\delta_2) - (\alpha+\delta_2)\sigma_1^2]}{2\phi_1[-\sigma_1^2(2\theta R_{R_2} + \sigma_2^2) + R_{R_1}R_{R_2}(b^2 - 4\theta^2) - 2\theta R_{R_1}\sigma_2^2]}. \end{cases} \tag{6-8}$$

将公式（6-8）带入公式（6-6），可以得到产品的零售价格。

6.2 仿真实验

由于采用解析分析法来研究参数对决策变量影响非常困难，这里采用计算实验的方法研究双渠道供应链的制造商和零售商在两种决策模式下，变量和利润随参数变化的演化情况。根据实际竞争情况，令$a_1=10$，$a_2=10$，$\theta=0.3$，$b=0.2$，$\alpha=0.5$，$\delta_1=0.2$，$\delta_2=0.2$，$\beta=0.2$，$\varphi_1=0.9$，$\varphi_2=0.8$，$\sigma_1=0.5$，$\sigma_2=0.5$，$R_{R_1}=60$，$R_{R_2}=60$，$w_1=10$，$w_2=8$。

表6-1、表6-2、表6-3、表6-4分别给出了双渠道供应链中制造商1的过度自信系数$\delta_1=0.2$，$\delta_1=0.6$时，制造商和零售商的广告投入、价格和利润的变化情况。通过对比四张表格发现，在两种决策模式下制造商的过度自信水平增加时，制造商1的广告投入和两种产品的零售价格增加，分散决策下的广告投入和产品的零售价格都大于主从决策。所以，主从决策下顾客能获得更大的剩余价值。从表6-3和表6-4来看，主从决策下制造商的利润大于分散决策下制造商的利润；而零售商在主从决策下的利润小于分散决策下的利润。所以，制造商和顾客在主从博弈下能获得更多的收益和效用。随着零售商分担的广告成本增加，制造商的广告投入、零售价格和各自的利润都增加，说明零售商对广告投入成本的分担对制造商的广告投入起促进作用。根据表6-5可知，随着φ_1的减少，主从决策下制造商利润增加幅度大于分散决策下利润增加幅度，主从决策下零售商利润增加幅度小于分散决策下利润增加幅度。从以上分析可以看出，处于主导地位的制造商具有先动优势，能够以较小的广告投入获取最大的收益；广告成本分担比例对制造商的广告投入以及各自的利润都有很大影响。制造商要根据顾客对产品价格的接受程度来制定广告成本分担比例。

表6-1　制造商的广告投入和产品的零售价格（$\delta_1=0.2$）

φ_1	主从决策				分散决策			
	A_1	A_2	p_1	p_2	A_1	A_2	p_1	p_2
0.9	4.37	3.54	32.37	31.33	15.12	12.25	34.4	33.17
0.8	5.52	3.54	32.66	31.34	19.14	12.25	34.94	33.19

续表

φ_1	主从决策				分散决策			
	A_1	A_2	p_1	p_2	A_1	A_2	p_1	p_2
0. 7	7. 22	3. 54	33. 03	31. 35	25	12. 25	35. 62	33. 21
0. 6	9. 82	3. 54	33. 52	31. 37	34. 03	12. 25	36. 54	33. 23
0. 5	14. 14	3. 54	34. 21	31. 39	49	12. 25	37. 82	33. 27

表6-2 制造商的广告投入和产品的零售价格（$\delta_1=0.6$）

φ_1	序贯博弈				分散决策			
	A_1	A_2	p_1	p_2	A_1	A_2	p_1	p_2
0. 9	11. 56	3. 54	36. 16	32. 11	37. 35	12. 25	41. 07	34. 56
0. 8	14. 63	3. 54	36. 92	32. 21	47. 27	12. 25	42. 43	34. 75
0. 7	19. 11	3. 54	37. 9	32. 35	61. 73	12. 25	44. 19	34. 99
0. 6	26	3. 54	39. 2	32. 52	84. 02	12. 25	46. 54	35. 31
0. 5	37. 45	3. 54	41. 03	32. 78	121	12. 25	49. 82	35. 76

表6-3 制造商和零售商的利润（$\delta_1=0.2$）

φ_1	序贯博弈				分散决策			
	π_{M_1}	π_{M_2}	π_{R_1}	π_{R_2}	π_{M_1}	π_{M_2}	π_{R_1}	π_{R_2}
0. 9	72. 5	60. 95	160. 09	173. 97	69. 76	59	189. 5	200. 84
0. 8	72. 99	60. 97	163. 58	174. 09	69. 88	59. 05	195. 65	201. 09
0. 7	73. 62	61	167. 93	174. 25	70. 05	59. 1	203. 14	201. 41
0. 6	74. 46	61. 04	173. 53	174. 46	70. 16	59. 17	212. 38	201. 83
0. 5	75. 64	61. 09	180. 95	174. 75	70. 57	59. 27	223. 89	202. 43

表6-4 制造商和零售商的利润（$\delta_1=0.6$）

φ_1	序贯博弈				分散决策			
	π_{M_1}	π_{M_2}	π_{R_1}	π_{R_2}	π_{M_1}	π_{M_2}	π_{R_1}	π_{R_2}
0. 9	78. 97	63. 06	218. 38	185. 73	72. 53	62. 79	305. 89	223. 83
0. 8	80. 27	63. 35	229. 57	187. 35	73	63. 3	328. 05	227. 05
0. 7	81. 94	63. 72	243. 98	189. 45	73. 61	63. 97	356. 58	231. 23
0. 6	84. 17	64. 21	263. 21	192. 27	74. 42	64. 85	394. 72	236. 85
0. 5	87. 3	64. 89	290. 19	196. 25	75. 56	66. 08	448. 28	244. 84

表 6-5 广告成本分担比例变化时制造商和零售商的利润变动

φ_1	序贯博弈				分散决策			
	π_{M_1}	π_{M_2}	π_{R_1}	π_{R_2}	π_{M_1}	π_{M_2}	π_{R_1}	π_{R_2}
0.9	6.47	2.11	58.29	11.76	2.77	3.79	116.39	22.99
0.8	7.28	2.38	65.99	13.26	3.12	4.25	132.4	25.96
0.7	8.32	2.71	76.05	15.2	3.56	4.87	153.44	29.82
0.6	9.71	3.17	89.68	17.81	4.26	5.33	182.34	35.02
0.5	11.66	3.8	109.24	21.5	4.99	6.81	224.39	42.41

6.3 广告投入动态博弈模型

在现实的市场竞争中，制造商不可能完全掌握市场的信息。制造商的广告投入不可能一次调整到均衡位置，而是一个不断博弈的长期过程。通过上面的分析发现，广告投入博弈是一个复杂的重复动态演化过程。本节以双渠道供应链中制造商与零售商采取的 Stackelberg 博弈模型为例，分析制造商与零售商在广告投入博弈中的市场稳定性。

假定双渠道供应链中制造商是有限理性的决策者，每一期决策都会根据自身的边际利润情况来决定当期的广告投入，以求获得更大的竞争优势和利润。根据有限理性决策思想，可以得到双渠道供应链中制造商的广告投入调整的动态博弈表达式为：

$$A_i(t+1)=A_i(t)+k_iA_i(t)\frac{\partial\pi_{M_i}(A_1,A_2)}{\partial A_i},i=1,2 \tag{6-9}$$

其中，k_i代表双渠道供应链中制造商的广告投入调整系数，如果第 t 期制造商的边际利润为正，制造商在 $t+1$ 期会提高广告投入；反之，若第 t 期制造商的边际利润为负，制造商在 $t+1$ 期会减少广告投入。

根据前面的分析，可以得到双渠道供应链中制造商广告投入博弈的离散动力系统模型：

$$
\begin{aligned}
&A_1(t+1)=A_1(t)+k_1 A_1(t)\\
&\quad\left\{\frac{w_1(\theta R_{R_1}+\sigma_1^2)[R_{R_2}(-b\beta+2\alpha\theta+2\theta\delta_1)+\sigma_2^2(\alpha+\delta_1)]}{2\sqrt{A_1(t)}[2\theta R_{R_1}\sigma_2^2+\sigma_1^2(2\theta R_{R_2}+\sigma_2^2)-R_{R_1}R_{R_2}(b^2-4\theta^2)]}-\phi_1\right\}\\
&A_2(t+1)=A_2(t)+k_2 A_2(t)\\
&\quad\left\{\frac{w_2(\theta R_{R_2}+\sigma_2^2)[R_{R_1}(b\beta-2\alpha\theta-2\theta\delta_2)-\sigma_1^2(\alpha+\delta_2)]}{2\sqrt{A_2(t)}[-\sigma_1^2(2\theta R_{R_2}+\sigma_2^2)+R_{R_1}R_{R_2}(b^2-4\theta^2)-2\theta R_{R_1}\sigma_2^2]}-\phi_2\right\}
\end{aligned}
\tag{6-10}
$$

6.3.1 系统的均衡点

根据不动点的定义，可以得到系统（6－10）均衡点的表达式：

$$
\begin{cases}
\dfrac{w_1(\theta R_{R_1}+\sigma_1^2)[R_{R_2}(-b\beta+2\alpha\theta+2\theta\delta_1)+\sigma_2^2(\alpha+\delta_1)]}{2\sqrt{A_1(t)}[2\theta R_{R_1}\sigma_2^2+\sigma_1^2(2\theta R_{R_2}+\sigma_2^2)-R_{R_1}R_{R_2}(b^2-4\theta^2)]}-\phi_1=0\\
\dfrac{w_2(\theta R_{R_2}+\sigma_2^2)[R_{R_1}(b\beta-2\alpha\theta-2\theta\delta_2)-\sigma_1^2(\alpha+\delta_2)]}{2\sqrt{A_2(t)}[-\sigma_1^2(2\theta R_{R_2}+\sigma_2^2)+R_{R_1}R_{R_2}(b^2-4\theta^2)-2\theta R_{R_1}\sigma_2^2]}-\phi_2=0
\end{cases}
\tag{6-11}
$$

根据前面的参数取值，即$\alpha=0.5$，$a_1=10$，$a_2=10$，$\theta=0.3$，$b=0.2$，$\delta_1=0.2$，$\delta_2=0.2$，$\beta=0.2$，$\varphi_1=0.9$，$\varphi_2=0.8$，$\sigma_1=0.5$，$\sigma_2=0.5$，$R_{R_1}=60$，$R_{R_2}=60$，$w_1=10$，$w_2=8$，通过对公式（6－11）求解，得到系统的四个均衡点分别为：$E_1=(0, 0, 30.01, 29.2)$，$E_2=(0, 3.536, 30.07, 31.27)$，$E_3=(4.365, 0, 32.31, 29.26)$，$E_4=(4.365, 3.536, 32.37, 31.33)$。显然，均衡点$E_1$，$E_2$，$E_3$为有界的边界均衡点，$E_4$是系统（6－10）唯一的纳什均衡点。

6.3.2 系统均衡点的稳定性分析

系统（6－10）的 Jacobian 矩阵：

$$
J(E)=\begin{pmatrix}1-k_1\varphi_1+k_1 w_1 H_1 & 0\\ 0 & 1-k_2\varphi_2+k_2 w_2 H_2\end{pmatrix}
\tag{6-12}
$$

其中，$H_1 = \frac{a+\delta_1}{4\sqrt{A_1}} - \frac{(a+\delta_1)\left[b^2+\theta(-2\theta-\frac{\sigma_2^2}{R_{R_2}})\right]+b\beta(\theta-2\theta-\frac{\sigma_1^2}{R_{R_1}})}{4\sqrt{A_1}[b^2-(-2\theta-\frac{\sigma_1^2}{R_{R_1}})(-2\theta-\frac{\sigma_2^2}{R_{R_2}})]}$

$$H_2 = \frac{a+\delta_2}{4\sqrt{A_2}} - \frac{(a+\delta_2)\left[b^2+\theta(-2\theta-\frac{\sigma_1^2}{R_{R_1}})\right]+b\beta(\theta-2\theta-\frac{\sigma_2^2}{R_{R_2}})}{4\sqrt{A_2}[b^2-(-2\theta-\frac{\sigma_1^2}{R_{R_1}})(-2\theta-\frac{\sigma_2^2}{R_{R_2}})]}$$

根据稳定性 Jury 判据，把E_1，E_2，E_3的值带入 Jacobian 矩阵中，得到均衡点所对应的特征根都有大于 1 的情况发生，所以E_1，E_2，E_3都是不稳定的边界均衡点。

把纳什均衡值E_4代入 Jacobian 矩阵，得到：

$$J(E_4) = \begin{pmatrix} 1-0.45k_1 & 0 \\ 0 & 1-0.4k_2 \end{pmatrix} \tag{6-13}$$

特征方程为：

$$f(\lambda) = \lambda^2 - B\lambda + C$$

其中，$B = 2-0.4k_2-0.45k_1$，$C = 1-0.45k_1-0.4k_2+0.18k_1k_2$。

根据 Jury 稳定性判据条件，可以得到条件（6－14）。由判断条件(6－14)可知，纳什均衡点的稳定性是由调整参数（k_1，k_2）所确定的空间决定的。在稳定域内部，只要制造商的初始值在一定范围内，经过有限次博弈，系统（6－10）都会稳定在纳什均衡点。一旦k_1，k_2超出稳定范围，系统将发生波动并演化进入混沌状态。

$$\begin{cases} f(1) = 1-B+C>0 \\ f(-1) = 1+B+C>0 \\ C-1<0 \end{cases} \tag{6-14}$$

本节中，借助参数的二维分岔图，即参数域图（Parameter Basins plots）来分析系统（6－10）稳定域演化过程。系统各个参数的取值如前面设定。

以k_1，k_2作为参数，图 6－2 给出了系统（6－10）稳定性变化情况。用黑色代表系统（6－10）的稳定域，深灰色代表系统（6－10）的周期稳定域，浅灰色代表混沌区域，白色代表系统（6－10）的变量溢出，制造商将退出市场。看到系统（6－10）通过黑色、深灰色、浅灰色所组成的倍周期分岔通向混沌道路，而且在稳定域内，制造商A的广告投入稳定范围不受制造商B的广告投入调整速度的影响。

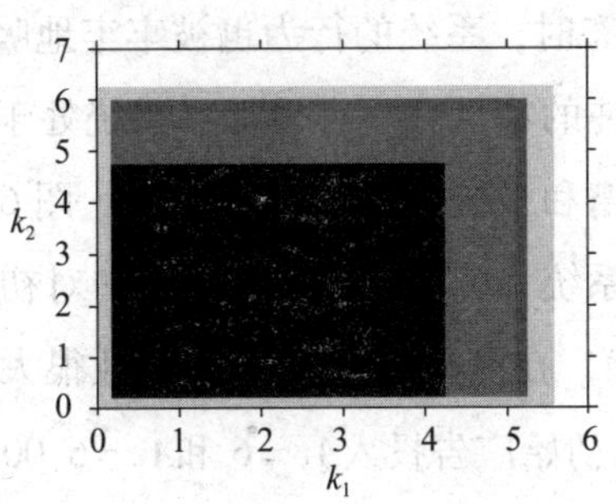

图6－2　系统（6－10）的稳定域

6.3.3　参数对系统稳定性的影响

为了更好地理解各个参数对系统长期博弈的影响，本节应用Matlab软件，对双渠道供应链的复杂动力学行为进行数值仿真。

1. 调整参数k_1，k_2对双渠道供应链稳定性的影响

首先，分析制造商的广告投入调整参数k_1，k_2对系统竞争行为的影响。图6－3给出了$k_2=3$时广告投入和零售价格随着广告投入调整参数k_1变化的演化过程。从图6－2可知，当$k_1<4.345$时，系统（6－10）一直保持在稳定状态，广告投入和零售价格保持在纳什均衡点$E_4=(4.365, 3.536, 32.37, 31.33)$上；当$k_1=4.345$时，系统（6－10）出现第一次分岔，随后系统进入二周期、四倍周期、八倍周期分岔，最终系统进入混沌状态。图6－4给出了相应变化的最大Lyapunov指数的变化情况，当最大Lyapunov指数第一次等于零的时候，系统（6－10）发生二倍周期分岔；当多数Lyapunov指数大于零的时候，系统（6－10）演化为混沌状态。图6－5给出了$k_1=4$时广告投入和零售价格随着广告调整参数k_2变化的演化过程。从图6－5可知，当$k_2<4.906$时，系统（6－10）一直保持在稳定状态；当$k_2=4.906$时，系统（6－10）出现第一次分岔，随后系统进入二周期、四倍周期、八倍周期分岔，最终进入混沌状态。图6－6给出了相应变化的

最大 Lyapunov 指数的变化情况。可以看出，当制造商的广告投入调整速度过快时，系统就可能出现无序的混沌状态。

图 6 -7 给出了系统（6 -10）混沌吸引子。从图中可见，即使系统（6 -10）处于混沌状态时，系统的行为也被牢牢地吸引在一个固定的区域内，这一点体现了混沌的特性——有界性。系统处于混沌状态的另一个重要特征是系统的功率谱和系统对初值的敏感性。图 6 -8，图 6 -9 表示系统处于混沌状态时，系统（6 -10）的功率谱和对初值的敏感依赖性。可以看出，系统（6 -10）在演化过程中的波动性很大，表现出无序和遍历性特征。图 6 -9 显示初始广告投入$A_1=6$ 和$A_1=6.001$ 时系统（6 -10）的广告投入和零售价格的变化情况。发现随着博弈的不断进行，即使初始价格只有 0.001 的差别，博弈的结果也会产生巨大差异。

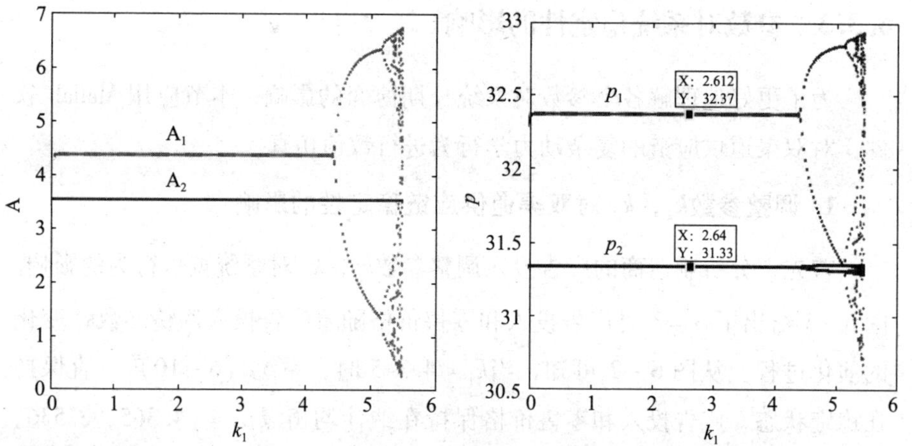

图 6 -3　$k_2=3$ 时，广告投入和零售价格随着参数k_1 变化的分岔

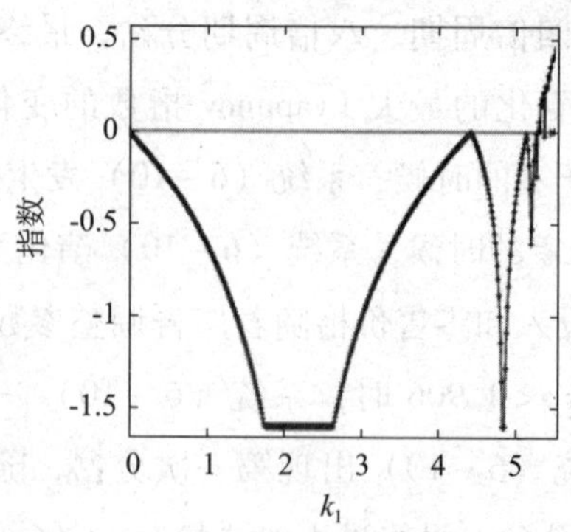

图 6 -4　随着参数k_1 变化系统（6 -10）相应的 Lyapunov 指数

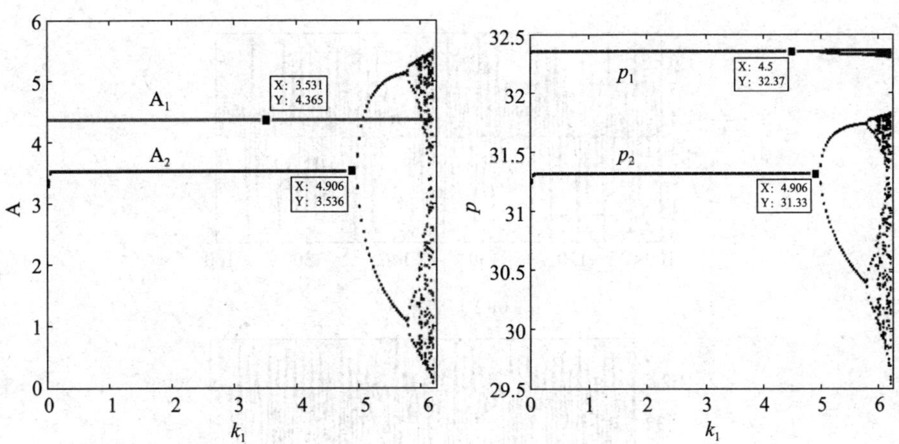

图6-5　$k_1=4$ 时，系统广告投入和零售价格随着参数k_2 变化的分岔

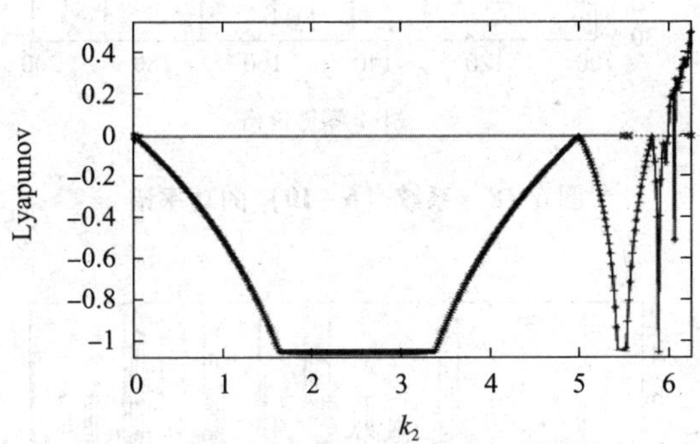

图6-6　随着参数k_2 变化系统（6-10）相应的 Lyapunov 指数

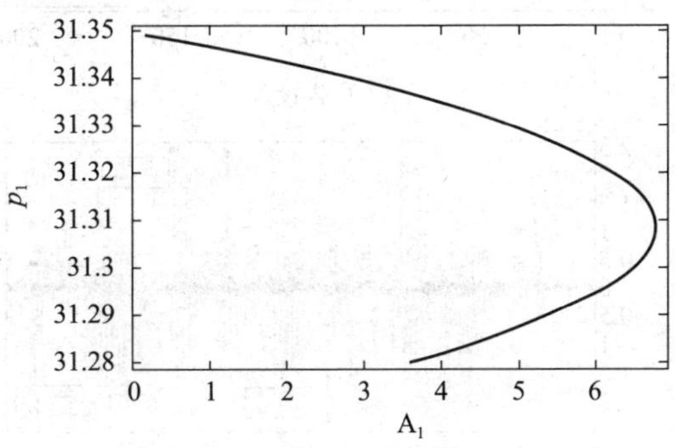

图6-7　系统（6-10）混沌吸引子的形成过程

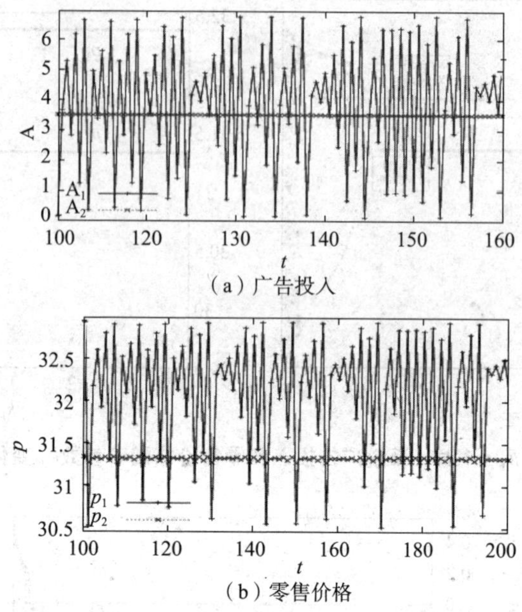

（a）广告投入

（b）零售价格

图 6-8　系统（6-10）的功率谱

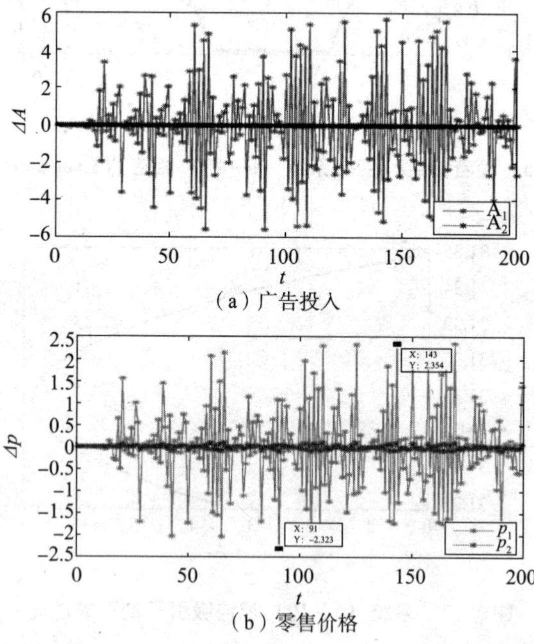

（a）广告投入

（b）零售价格

图 6-9　$k_1=5.5$，$k_2=3$ 时，系统对于初值的敏感性

2. 方差σ_1对系统稳定性的影响

下面来分析σ_1的增加对系统稳定性的影响。图6－10给出了$\sigma_1=5$，$k_2=3$时广告投入和零售价格随着广告调整参数k_1变化的演化过程。从图6－10可以看出，系统（6－10）经历倍周期分岔最终演化为混沌状态。对比图6－3和图6－10可知，σ_1的增加不影响系统（6－10）的稳定性，但使制造商1的广告投入增加，制造商2的广告投入减少和两种产品的零售价格下降。也就是说，需求的不稳定性增加会使风险规避的零售商降低产品的零售价格来规避风险，而使过度自信的制造商1增加广告投入以赢取更大的市场份额，过度自信的制造商2则会减少广告投入来规避风险；在这种情景下，顾客可以得到更大的效用。

图6－11分析了制造商和零售商关于需求方差σ_1对于系统（6－10）行为的影响和其相应的最大Lyapunov指数。可以看出，当$k_1=4$，$k_2=3$时，随着σ_1的增加，系统都是稳定的。这说明双渠道供应链的广告投入调整速度在系统（6－10）保持在稳定的范围内时，随着需求方差的增加，不会对系统的稳定性产生影响，但会对系统（6－10）的均衡值产生影响。最大Lyapunov指数证实了系统（6－10）一直处于稳定状态。

3. 风险态度对系统稳定性的影响

下面来分析零售商的风险态度对系统（6－10）稳定性的影响。图6－12分析了$R_{R_1}=60$时，随着广告投入调整系数的变化系统（6－10）的演化过程。可以看出零售商的风险态度并不影响系统的稳定域，而对系统的均衡值产生影响。也就是说，零售商1趋于风险中性时，制造商1对广告投入水平下降。可以看出风险偏好并不影响系统的稳定域，而对系统的均衡值产生影响。也就是说，零售商1趋于风险中性时，制造商1的广告投入水平下降，而制造商2的广告投入水平上升，零售价格也上涨。因此，处于顺从地位的零售商的风险偏好对系统稳定性不产生影响，但影响系统的纳什均衡值，制造商会根据零售商的风险偏好来确定广告投入。此时，顾客购买产品获得的效用降低。

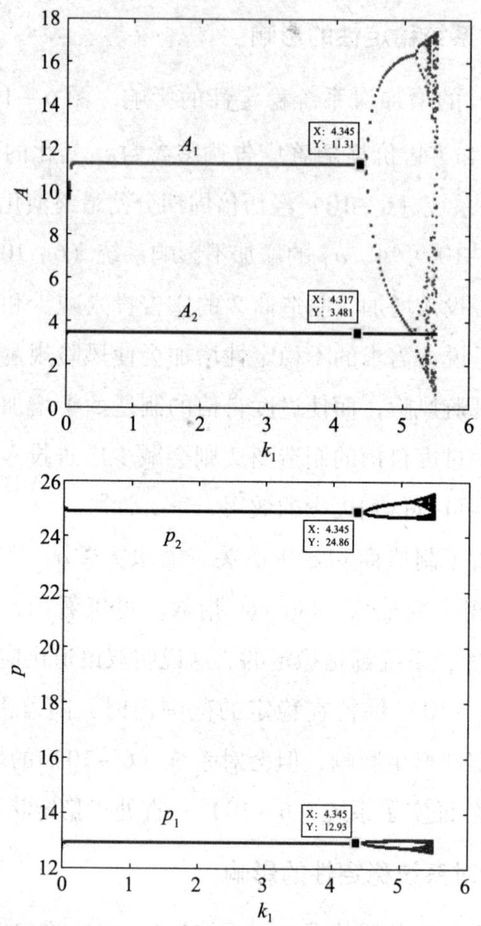

图 6-10 $\sigma_1=5$ 时系统（6-10）随 k_1 变化的分岔

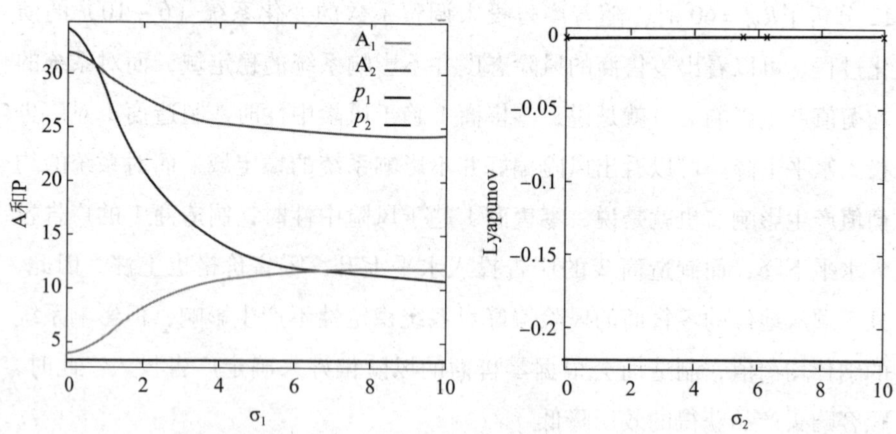

图 6-11 $k_1=4$，$k_2=3$ 时系统（6-10）随 σ_1 的演化过程

图6-13给出制造商和零售商关于风险偏好R_{R_1}对于系统（6-10）行为的影响。可以看出，当$k_1=4$，$k_2=3$时，随着R_{R_1}的增加，系统都是稳定的。这说明双渠道供应链的广告投入调整速度在系统（6-10）保持在稳定的范围内时，随着风险偏好的增加，不会对系统的稳定性产生影响，但会对系统（6-10）的均衡值产生影响。图6-13给出了此时相应的最大Lyapunov指数。

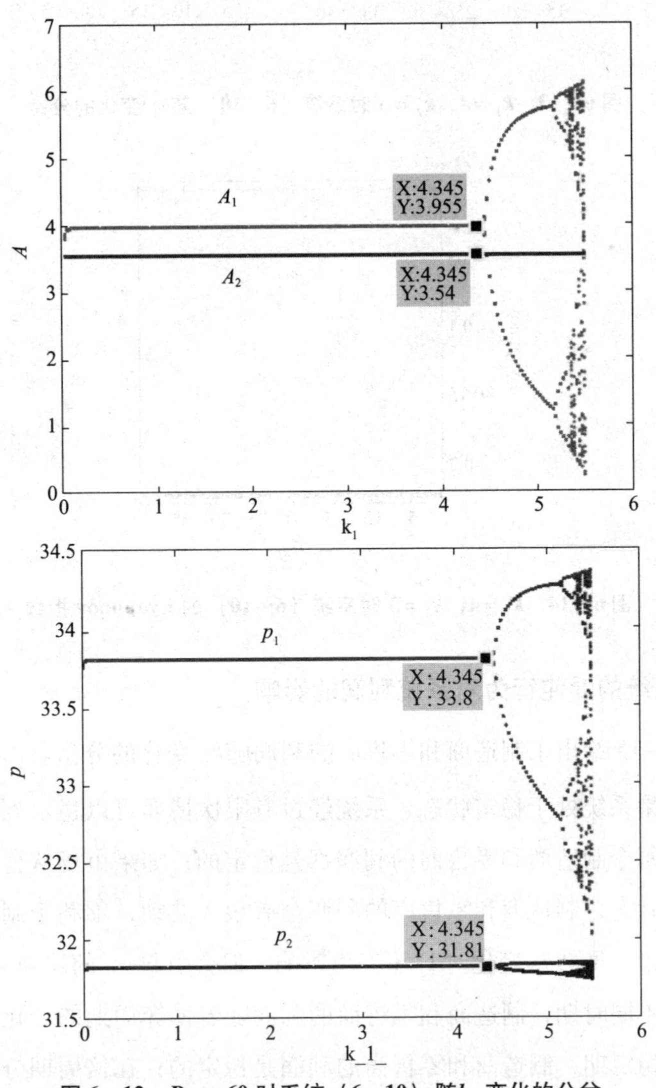

图6-12　$R_{R_1}=60$时系统（6-10）随k_1变化的分岔

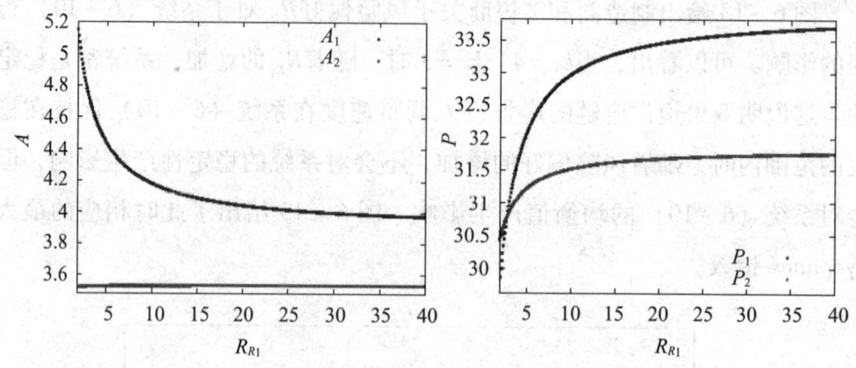

图 6－13　$k_1=4$，$k_2=3$ 时系统（6－10）随k_1 变化的分岔

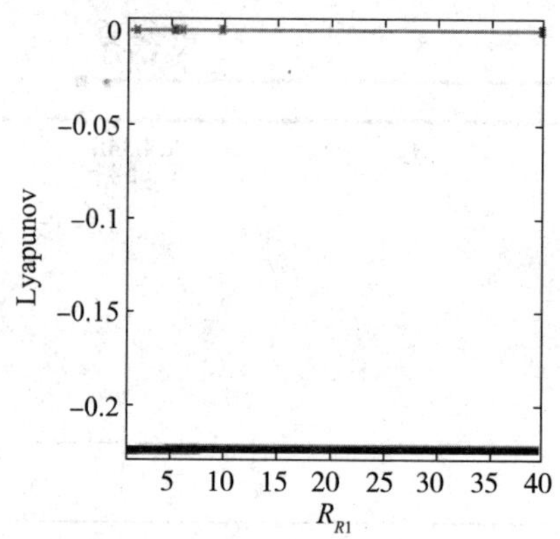

图 6－14　$k_1=4$，$k_2=3$ 时系统（6－10）的 Lyapunov 指数

4. 系统的混沌行为对系统利润的影响

图 6－15 给出了制造商和零售商的利润随k_1 变化的分岔。由以上分析可知，如果系统处于稳定状态，系统经过有限次博弈可以稳定到纳什均衡点，这时每个制造商和零售商的利润都是稳定的；如果市场从稳定状态演化为混沌状态，制造商和零售商的利润会有很大波动，不利于制造商和零售商的决策。虽然k_1 变化对A_2 不产生影响，但会引起π_{M_2}的波动。图 6－16 给出了在不同时期，制造商和零售商的利润随着博弈周期的变化情况。可以看出在稳定期，制造商和零售商的利润是稳定的；在倍周期分岔期，制造商和零售商的利润出现有规律的周期性波动；当系统进入混沌周期后，

制造商和零售商的利润呈现无序波动。所以，制造商和零售商应该保持系统的稳定，避免系统出现混沌状态。

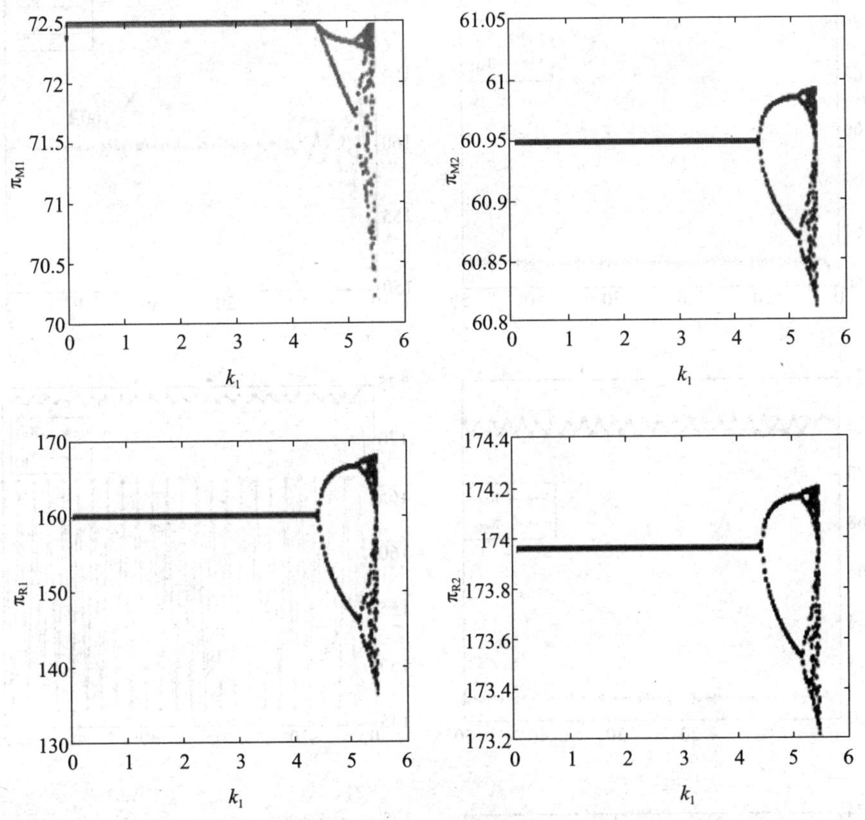

图6－15　$k_2=3$ 时利润随 k_1 变化的分岔

表6－6给出了系统（6－10）在不同时期制造商和零售商的平均利润。可以看出，制造商和零售商在二倍周期和混沌期的平均利润都小于稳定期的利润。系统的不稳定性给制造商和零售的利润都带来了不少损失。所以，制造商应该根据参数条件来调整广告投入，使系统在有序的状态下进行竞争。

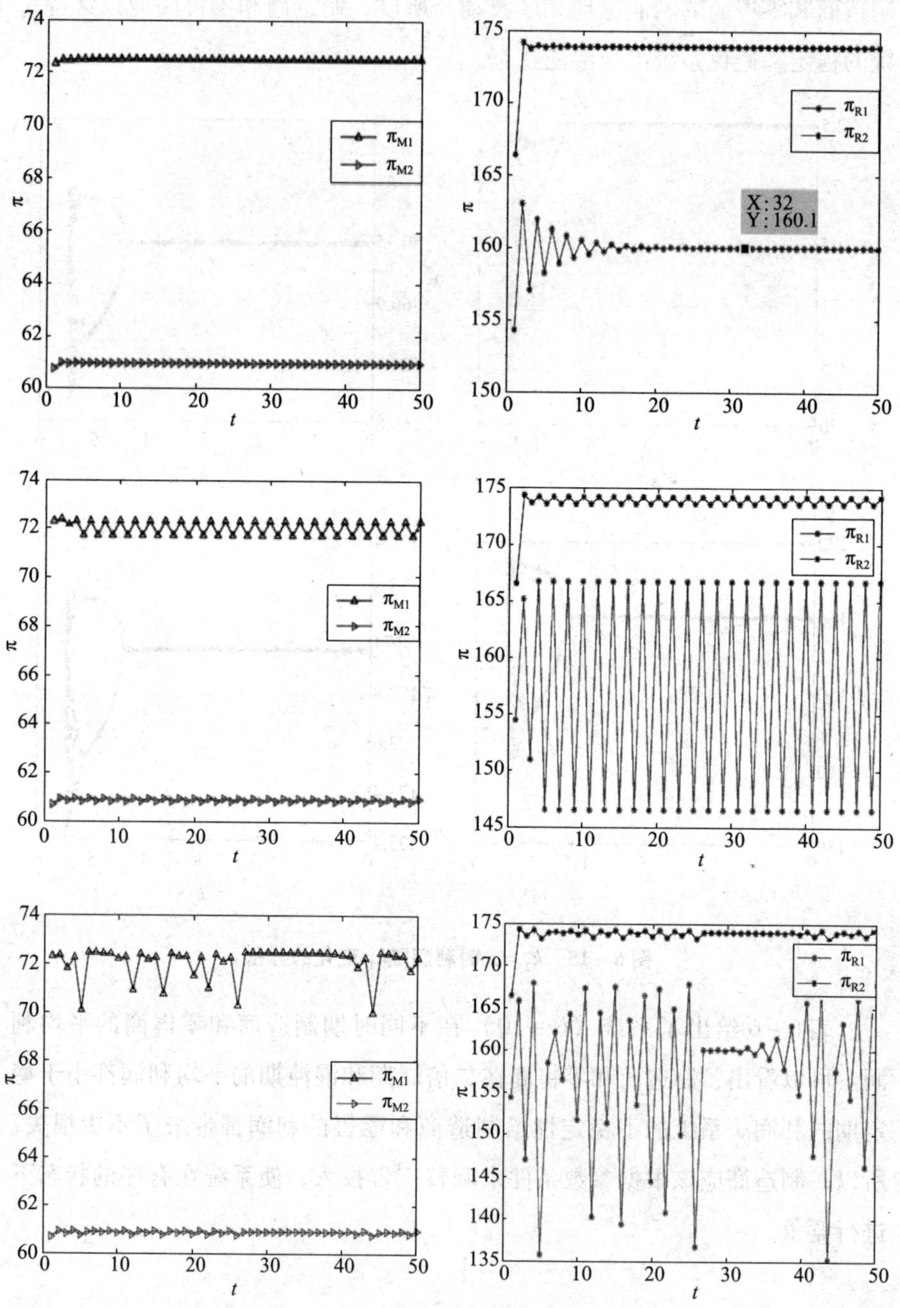

图 6-16　制造商和零售商在不同时期的利润变化

表6-6 系统（6-10）在不同时期的平均利润

利润	稳定期 $k_1=4$，$k_2=3$	二倍周期 $k_1=5$，$k_2=3$	混沌期 $k_1=5.5$，$k_2=3$
π_{M_1}	72.5	72.07	72.12
π_{M_2}	60.95	60.93	60.93
π_{R_1}	160.1	156.79	157.22
π_{R_2}	174	173.72	173.73

6.4 混沌控制

从上面的分析可以看出，在长期的广告投入博弈竞争中，市场的均衡状态很短暂。市场中存在诸多变动因素，例如，广告投入调整速度、顾客需求的不确定性、零售商的风险态度等。如果制造商加快广告投入调整速度，市场状态将会被改变，从而变得不稳定，甚至进入混沌状态。一旦市场演化为混沌状态，每个制造商都无法预知市场的未来竞争情况，决策将变得无序，市场无法达到均衡状态。从以上分析可知，制造商和零售商在不稳定周期所获得的利润比稳定期所获得的利润低。制造商在博弈过程中，为了利润最大化，会采用各种各样的竞争策略，广告投入竞争策略是一种经常使用的竞争方法。但是，过度的广告投入不仅容易造成市场的失效与无序，同时还会给制造商造成利润损失。因此，运用一些控制方法使系统重新回到稳定的均衡状态非常重要。

本节采用延迟反馈控制（Delay Feedback Control，DFC）对系统（6-10）进行混沌控制，该方法是由 K. Pyragas 提出。该方法的主要思想是利用系统输出信号和输入信号之间的自反馈耦合得到控制信号，使系统变得稳定，即 $x(t+1)=f(x(t))+u(t+1), u(t+1)=K(x(t+1)-x(t-1-\tau))$，$t>\tau$。其中，$\tau$ 为延迟时间，K 为调节因子。本节只对系统（6-10）中的A_1 实施延迟反馈控制，即可使系统中所有的变量达到稳定状态。对制造商 1 的广告投入博弈方程加入延迟控制项后可以得到下式：

$$\begin{cases} A_1(t+1)=A_1(t)+k_1\,A_1(t) \\ \left\{\dfrac{w_1(\theta R_{R_1}+\sigma_1^2)[R_{R_2}(-b\beta+2\alpha\theta+2\theta\delta_1)+\sigma_2^2(\alpha+\delta_1)]}{2\sqrt{A_1(t)}[2\theta R_{R_1}\sigma_2^2+\sigma_1^2(2\theta R_{R_2}+\sigma_2^2)-R_{R_1}R_{R_2}(b^2-4\theta^2)]}-\phi_1\right\} \\ -K[A_1(t+1)-A_1(t+1-\tau)], \\ A_2(t+1)=A_2(t)+k_2\,A_2(t) \\ \left(\dfrac{w_2(\theta R_{R_2}+\sigma_2^2)[R_{R_1}(b\beta-2\alpha\theta-2\theta\delta_2)-\sigma_1^2(\alpha+\delta_2)]}{2\sqrt{A_2(t)}[-\sigma_1^2(2\theta R_{R_2}+\sigma_2^2)+R_{R_1}R_{R_2}(b^2-4\theta^2)-2\theta R_{R_1}\sigma_2^2]}-\phi_2\right) \end{cases} \tag{6-15}$$

由前面分析可知，当$k_1=5.5$，$k_2=3$时，系统（6-10）处于混沌状态，本节对这一混沌状态进行控制。接下来，主要考虑$\tau=1$时受控的双渠道供应链系统（6-15）。首先分析K值与双渠道供应链稳定性之间的关系。加入延迟控制后的系统（6-15）的Jacobin矩阵为：

$$J(E)=\begin{pmatrix} (1+K-k_1\,\varphi_1+k_1\,w_1\,H_1)/(1+K) & 0 \\ 0 & 1-k_2\,\varphi_2+k_2\,w_2\,H_2 \end{pmatrix} \tag{6-16}$$

其中，H_1，H_2的表达式如前所示。把参数值和纳什均衡点带入公式（6-16），可以得到受控系统（6-15）的特征根为$\lambda_1=-0.2$，$\lambda_2=\dfrac{K-1.475}{K+1}$。由$\left|\dfrac{K-1.475}{K+1}\right|<1$可得$K>0.2375$时，系统（6-15）处于稳定状态。

由图6-17可以看出K值与广告投入水平之间的演化关系。随着K值的增加，广告投入逐渐从混沌状态被控制在稳定状态。当$K=0.2375$，A_1和A_2最终稳定在纳什均衡点（4.365，3.536）。

为了更详细地了解系统（6-15）在不同的K值下系统的行为，对K取不同值时，广告投入A_1和A_2的演化过程进行模拟（见图6-18）。$K=0.15$时，系统（6-15）处于二倍周期状态；$K=0.35$时，系统（6-15）处于稳定状态。所以，延迟反馈控制方法能很好地对系统进行控制，使系统回到稳定状态。

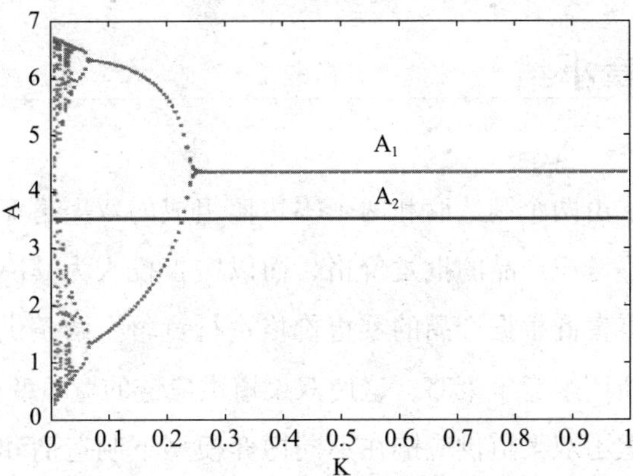

图 6-17　*K* 值变化时A_1 和A_2 的分岔

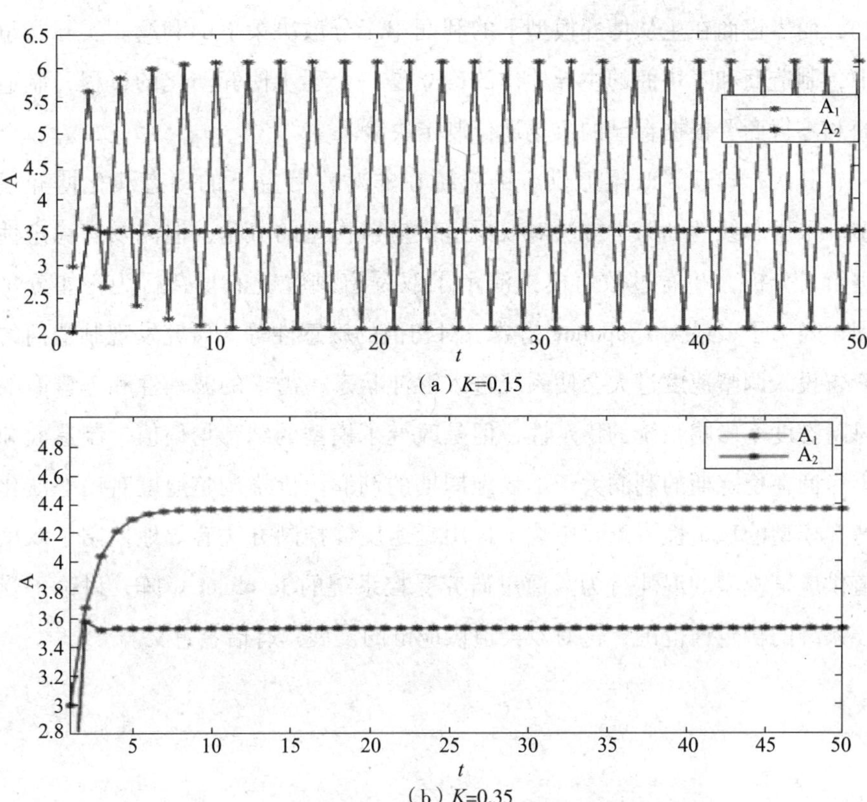

（a）K=0.15

（b）K=0.35

图 6-18　*K* 取不同值时，A_1 和A_2 演化的过程

6.5 本章小结

本章建立了由两个制造商和两个零售商组成的双渠道竞争供应链。双渠道的制造商不考虑产品的批发价格，而以广告投入为其决策变量进行决策；双渠道的零售商根据产品的零售价格进行竞争。两条供应链为了获得更大的利润不断调整竞争策略，这使双渠道供应链的竞争变得更为复杂。

首先，考虑了双渠道供应链在不同博弈模型下制造商和零售商的利润变化情况：分散决策模型和制造商主导下的斯坦科尔伯格决策模型。研究发现双渠道供应链的制造商在主从博弈模型下的利润大于分散决策下的利润，而零售商在主从博弈模型下的利润小于分散决策下的利润。实际竞争中，制造商和零售商的主导地位的确立是一个逐步博弈演化的过程，制造商和零售商要根据自己的市场地位制定决策。

其次，建立了双渠道供应链系统在非对称信息下的动态演化博弈模型。采用非线性动力学方法对双渠道供应链模型的分岔，混沌及其稳定性进行了分析，并通过数值模拟演示了双渠道供应链的复杂行为，如分岔图、吸引子、最大 Lyapunov 指数、对初值的敏感性等。研究发现制造商的广告投入调整速度过大会使系统进入混沌状态，需求的波动性和零售商的风险态度不影响系统的稳定性，但是改变了模型的纳什均衡值，制造商和零售商在稳定期的利润大于不稳定周期的利润。价格调整速度对动态演化博弈模型的稳定性有重要影响。运用延迟反馈控制方法有效地控制了双渠道供应链模型的混沌行为。通过研究受控系统的 Jacobian 矩阵，讨论了受控系统的稳定性范围，这对双渠道供应链的发展具有借鉴意义。

第7章

考虑需求依赖库存和产品变质的供应链系统动力学行为研究

随着市场竞争的加剧，供应链中的库存和需求出现高波动性，表现出复杂的动力学行为，如稳定性、牛鞭效应和混沌。学者们指出供应链产生牛鞭效应的五大原因：非零交货期、需求信号处理、供应短缺、订单批量和价格变动，研究了需求依赖价格的供应链的复杂决策行为。实践发现供应链中产品的库存与需求量呈正相关关系，即零售商陈列在货架上的产品数量会影响到产品需求，这一点在超市中已经得到证实。一些文献用实际数据分析库存的促销作用。例如，Koschat 发现美国杂志业的库存确实影响了品牌产品的需求；Porras 研究了一家大型炼油厂的库存和需求之间的相互关系。文献从不同的场景建立数学模型，研究了供应链中需求依赖库存的问题。然而，对需求依赖库存的供应链系统动力学研究尚少。Wang 等、Wei 等研究了一种离散的需求依赖库存的自主切换模型。Wen 等构建了具有价格敏感性和需求依赖库存的单周期模型和多周期模型，并通过数值模拟分析了动态定价和容量分配政策。

但是，文献没有考虑零售商竞争和变质产品对需求依赖库存供应链的影响。本章主要研究由两个外部供应商和两个零售商组成的切换供应链系统，需求函数是两种替代产品库存水平的分段线性函数。考虑目标库存水平和库存达到理想水平的速度，两个零售商采用适应性订货规则。本书主要目标是探讨需求和决策参数对切换供应系统动力学行为和稳定性的影响。

7.1 问题描述与模型构建

本章主要研究由两个外部供应商和两个零售商组成的切换供应链系

统，供应链系统定期检查库存，顾客需求依赖两个零售商的库存水平。两个零售商采用广义订购政策向两个外部供应商订货。

7.1.1 模型假设

（1）每个外部供应商有足够的库存来满足零售商的订货需求，需求依赖于库存；

（2）考虑替代品和允许缺货，提前期为一个周期；

（3）产品是可变质的；

（4）缺货只会造成 t 期的顾客损失，不影响 $t+1$ 期的顾客需求。

每个周期的决策顺序为：首先，两个零售商收到上一期订购的产品；其次，两个零售商检查其库存水平，预测当期的产品需求并为下一周期下订单。

主要参数和变量见表 7-1。系统演化是一个长期过程，本章将建立动态博弈模型来描述库存和订单的动力学特征。

表 7-1 主要参数和变量

符号表示	符号说明	符号表示	符号说明
$R_i(t)$	t 时期接收的货物	$S_i(t)$	t 时期的订货点水平
$I_i(t)$	t 时期的库存水平	i_i^0	初始库存
$F_i(t)$	t 时期的预测需求	u_i	补货参数
$O_i(t)$	t 时期的订单	k_i	库存目标水平参数
$D_i(t)$	t 时期的需求	δ_i	需求预测平滑系数
$DI_i(t)$	库存水平目标在时间 t		

两个零售商分别收到在 $t-1$ 时期订购的货物量：$R_1(t)=O_1(t-1)$ 和 $R_2(t)=O_2(t-1)$。所以，两个零售商 t 期初的库存为：

$$\begin{aligned} I_1(t)&=(1-\delta_1)I_1(t-1)+R_1(t)-D_1(t-1),t\geqslant 2 \\ I_2(t)&=(1-\delta_2)I_2(t-1)+R_2(t)-D_2(t-1),t\geqslant 2 \end{aligned} \tag{7-1}$$

由于需求函数对零售商来说是未知的，零售商采用指数平滑算法预测当期的顾客需求：

$$F_i(t)=F_i(t-1)+\delta_i(D_I(t-1)-F_i(t-1)) \tag{7-2}$$

其中，δ_i是平滑系数。随着参数δ_i的增加，预测值与实际需求较快地相吻合。另外，$0<\delta_i<1$可以使预测过程稳定。

两个零售商最重要的决策是在竞争环境下订购产品从而获得最大利润。然而，供应链系统存在动力学行为和牛鞭效应，许多学者采用广义的订购政策降低供应链中牛鞭效应和复杂的动力学行为。本章采用文献中广义订购政策，考虑需求依赖库存，研究切换供应链系统的动力学行为。传统订购策略描述如下：

$$O(t)=S(t)-I(t) \tag{7-3}$$

其中，$S(t)$ 是每个周期最新的订购水平。两个零售商使用广义的订购策略：

$$O(t)=F(t)+\mu[DI(t)-I(t)] \tag{7-4}$$

其中，μ 是一个正的补货参数，可以使库存达到期望的水平；$DI(t)$ 是目标库存水平，$DI(t)=kF(t)$，k 是一个非负参数，可以使库存水平以不同速度恢复到目标库存水平。随着 k 值的增大，库存水平可能会上升，顾客服务水平将会提高，顾客需求将会增加，零售商的利润可能会增加。

分段线性函数和幂函数被广泛用来描述需求与库存之间的关系。然而，需求与库存之间并不总是线性关系。当库存达到一定水平时，需求可能会下降。本章只考虑分段线性需求函数，其表示如下：

$$D_1(t)=\begin{cases}a_1+c_1 I_1(t)-e_1 I_2(t)\\ a_1\end{cases}$$
$$D_2(t)=\begin{cases}a_2+c_2 I_2(t)-e_2 I_1(t)\\ a_2\end{cases} \tag{7-5}$$

其中，a_1 和a_2 表示顾客对产品基本需求，c_1 和c_2 为库存对需求的弹性系数，e_1 和e_2 表示两种产品的替代程度。参数值受到多种因素的影响，如产品质量、产品设计、服务和偏好等，参数值可以根据历史数据进行预测。

7.1.2 切换线性和非线性模型

考虑产品的替代性和分段非线性需求函数的影响，本章构建由有限个子系统组成的一类非线性供应链切换模型；并且子系统之间切换取决于需求预测和库存水平这一逻辑规则，运用动力学理论分析供应链系统的动力学行为。考虑两个零售商均等的市场结构，供应链系统在以下六种情境下进行切换：

情境1：两家零售商都没有库存。

情境2：零售商1没有库存；零售商2有库存且需要订货，因为需求预测很高或库存水平低。

情境3：两个零售商都有库存且都需要订货，因为需求预测很高或库存水平低。

情境4：零售商1没有库存；零售商2有库存且不需要订货，因为需求预测较低或库存水平较高。

情境5：零售商1需要订货，因为需求预测较高或库存水平低；零售商2不需要订货，因为需求预测不高或库存水平较高。

情境6：两个零售商都不需要订货，因为需求预测不高或库存水平较高。

下面分别构建六种情境模型：

情境1：两个零售商都没有库存，两个零售商都需要订货。即

$I_1(t-1)\leqslant 0, I_2(t-1)\leqslant 0, F_1(t-1)+\mu_1[\gamma_1 F_1(t-1)-I_1(t-1)]>0$，$F_2(t-1)+\mu_2[\gamma_2 F_2(t-1)-I_2(t-1)]>0$，该订单使实际库存水平接近期望库存水平，此情境下的顾客需求函数、订货量、库存量和需求预测表示如下：

$$
\begin{aligned}
&D_1(t-1)=a_1\\
&D_2(t-1)=a_2\\
&O_1(t-1)=F_1(t-1)+\mu_1[\gamma_1 F_1(t-1)-I_1(t-1)]\\
&O_2(t-1)=F_2(t-1)+\mu_2[\gamma_2 F_2(t-1)-I_2(t-1)]\\
&I_1(t)=(1-\delta_1-\mu_1)I_1(t-1)+(1+\mu_1\gamma_1)F_1(t-1)-a_1\\
&I_2(t)=(1-\delta_2-\mu_2)I_2(t-1)+(1+\mu_2\gamma_2)F_2(t-1)-a_2\\
&F_1(t)=(1-\theta_1)F_1(t-1)+\theta_1 a_1\\
&F_2(t)=(1-\theta_2)F_2(t-1)+\theta_2 a_2
\end{aligned}
\tag{7-6}
$$

情境2：顾客对产品1需求量为一个常数，因为零售商1没有库存，

即$I_1(t-1)]\leqslant 0$。零售商2有库存且需要订货，即$I_2(t-1)>0$。为了满足客户需求，零售商1和零售商2应该向外部供应商订货，$I_2(t-1)>0$，$F_1(t-1)+\mu_1[\gamma_1 F_1(t-1)-I_1(t-1)]>0, F_2(t-1)+\mu_2[\gamma_2 F_2(t-1)-I_2(t-1)]>0$，该订单使实际库存水平接近期望库存水平。此情境下的顾客需求函数、订货量、库存量和需求预测表示如下：

$$\begin{aligned}
&D_1(t-1)=a_1\\
&D_2(t-1)=a_2+c_2 I_2(t-1)-e_1 I_1(t-1)\\
&O_1(t-1)=F_1(t-1)+\mu_1[\gamma_1 F_1(t-1)-I_1(t-1)]\\
&O_2(t-1)=F_2(t-1)+\mu_2[\gamma_2 F_2(t-1)-I_2(t-1)]\\
&I_1(t)=(1-\delta_1-\mu_1)I_1(t-1)+(1+\mu_1\gamma_1)F_1(t-1)-a_1\\
&I_2(t)=(1-\delta_2-\mu_2)I_2(t-1)+e_2 I_1(t-1)+(1+\mu_2\gamma_2)F_2(t-1)-a_2\\
&F_1(t)=(1-\theta_1)F_1(t-1)+\theta_1 a_1\\
&F_2(t)=(1-\theta_2)F_2(t-1)+\theta_2[a_2+c_2 I_2(t-1)-e_2 I_1(t-1)]
\end{aligned} \tag{7-7}$$

情境3：零售商1和零售商2都有库存且需要订货，因为需求预测高或者库存水平低。此情境下的顾客需求函数、订货量、库存量和需求预测表示如下：

$$\begin{aligned}
&D_1(t-1)=a_1+c_1 I_1(t-1)-e_1 I_2(t-1)\\
&D_2(t-1)=a_2+c_2 I_2(t-1)-e_2 I_1(t-1)\\
&O_1(t-1)=F_1(t-1)+\mu_1[\gamma_1 F_1(t-1)-I_1(t-1)]\\
&O_2(t-1)=F_2(t-1)+\mu_2[\gamma_2 F_2(t-1)-I_2(t-1)]\\
&I_1(t)=(1-\delta_1-\mu_1-c_1)I_1(t-1)+e_1 I_2(t-1)+(1+\mu_1\gamma_1)F_1(t-1)-a_1\\
&I_2(t)=(1-\delta_2-\mu_2-c_2)I_2(t-1)+e_2 I_1(t-1)+(1+\mu_2\gamma_2)F_2(t-1)-a_2\\
&F_1(t)=(1-\theta_1)F_1(t-1)+\theta_1(a)_1+c_1 I_1(t-1)-e_1 I_2(t-1)\\
&F_2(t)=(1-\theta_2)F_2(t-1)+\theta_2(a)_2+c_2 I_2(t-1)-e_2 I_1(t-1)
\end{aligned} \tag{7-8}$$

情境4：零售商1没有库存，需要向供应商订货；零售商2不用订货，因为需求预测较低或库存水平较高。此情境下的顾客需求函数、订货量、库存量和需求预测表示如下：

$$
\begin{aligned}
&D_1(t-1)=a_1\\
&D_2(t-1)=a_2+c_2 I_2(t-1)-e_2 I_1(t-1)\\
&O_1(t-1)=F_1(t-1)+\mu_1[\gamma_1 F_1(t-1)-I_1(t-1)]\\
&O_2(t-1)=0\\
&I_1(t)=(1-\delta_1-\mu_1)I_1(t-1)+(1+\mu_1\gamma_1)F_1(t-1)-a_1\\
&I_2(t)=(1-\delta_2-c_2)I_2(t-1)+e_2 I_1(t-1)-a_2\\
&F_1(t)=(1-\theta_1)F_1(t-1)+\theta_1 a_1\\
&F_2(t)=(1-\theta_2)F_2(t-1)+\theta_2 (a)_2+c_2 I_2(t-1)-e_2 I_1(t-1)
\end{aligned}
\tag{7-9}
$$

情境5：零售商1需要订货，因为需求预测较高或库存水平低；零售商2不需要下订单，因为需求预测不高或库存水平较高。此情境下的顾客需求函数、订货量、库存量和需求预测表示如下：

$$
\begin{aligned}
&D_1(t-1)=a_1+c_1 I_1(t-1)-e_1 I_2(t-1)\\
&D_2(t-1)=a_2+c_2 I_2(t-1)-e_2 I_1(t-1)\\
&O_1(t-1)=F_1(t-1)+\mu_1[\gamma_1 F_1(t-1)-I_1(t-1)]\\
&O_2(t-1)=0\\
&I_1(t)=(1-\eta_1-\mu_1-c_1)I_1(t-1)+e_1 I_2(t-1)+(1+\mu_1\gamma_1)F_1(t-1)-a_1\\
&I_2(t)=(1-\eta_2-c_2)I_2(t-1)+e_2 I_1(t-1)-a_2\\
&F_1(t)=(1-\theta_1)F_1(t-1)+\theta_1 (a)_1+c_1 I_1(t-1)-e_1 I_2(t-1)\\
&F_2(t)=(1-\theta_2)F_2(t-1)+\theta_2 (a)_2+c_2 I_2(t-1)-e_2 I_1(t-1)
\end{aligned}
\tag{7-10}
$$

情境6：零售商1和零售商2都不需要订货，因为需求预测不高或库存水平较高。此情境下的顾客需求函数、订货量、库存量和需求预测表示如下：

$$
\begin{aligned}
&D_1(t-1)=a_1+c_1 I_1(t-1)-e_1 I_2(t-1)\\
&D_2(t-1)=a_2+c_2 I_2(t-1)-e_2 I_1(t-1)\\
&O_1(t-1)=0\\
&O_2(t-1)=0\\
&I_1(t)=(1-\eta_1-c_1)I_1(t-1)+e_1 I_2(t-1)-a_1\\
&I_2(t)=(1-\eta_2-c_2)I_2(t-1)+e_2 I_1(t-1)-a_2\\
&F_1(t)=(1-\theta_1)F_1(t-1)+\theta_1 (a)_1+c_1 I_1(t-1)-e_1 I_2(t-1)\\
&F_2(t)=(1-\theta_2)F_2(t-1)+\theta_2 (a)_2+c_2 I_2(t-1)-e_2 I_1(t-1)
\end{aligned}
\tag{7-11}
$$

六种情境的切换信号方程为：

$$
\sigma(t)=\begin{cases}
\text{当}I_1(t-1)\leqslant 0,O_1(t-1)>0,I_2(t-1)\leqslant 0,O_2(t-1)>0\\
\text{当}I_1(t-1)\leqslant 0,O_1(t-1)>0,I_2(t-1)>0,O_2(t-1)>0\\
\text{当}I_1(t-1)>0,O_1(t-1)>0,I_2(t-1)>0,O_2(t-1)>0\\
\text{当}I_1(t-1)\leqslant 0,O_1(t-1)>0,I_2(t-1)>0,O_2(t-1)\leqslant 0\\
\text{当}I_1(t-1)>0,O_1(t-1)>0,I_2(t-1)>0,O_2(t-1)\leqslant 0\\
\text{当}I_1(t-1)>0,O_1(t-1)\leqslant 0,I_2(t-1)>0,O_2(t-1)\leqslant 0
\end{cases}
\tag{7-12}
$$

此切换信号方程可以使各子系统之间进行切换。当 $\sigma(t)\ =1$，子系统1处于运行状态。

令状态向量 $y(t)=[I_1(t) \quad I_2(t)]^T$，线性和非线性切换模型可以表示为：

$$
y(t)=A_{\sigma(t)}y(t-1)+B_{\sigma(t)}
\tag{7-13}
$$

其中，

$$
A_1=\begin{bmatrix}1-\delta_1-\mu_1 & 0\\ 0 & 1-\delta_2-\mu_2\end{bmatrix}\qquad B_1=\begin{bmatrix}(1+\mu_1\gamma_1)F_1(t-1)\\(1+\mu_2\gamma_2)F_2(t-1)\end{bmatrix}
$$

$$
A_2=\begin{bmatrix}1-\delta_1-\mu_1 & 0\\ e_2 & 1-\delta_2-\mu_2-c_2\end{bmatrix}\qquad B_2=\begin{bmatrix}(1+\mu_1\gamma_1)F_1(t-1)-a_1\\(1+\mu_2\gamma_2)F_2(t-1)-a_2\end{bmatrix}
$$

$$
A_3=\begin{bmatrix}1-\delta_1-\mu_1-c_1 & e_1\\ e_2 & 1-\delta_2-\mu_2-c_2\end{bmatrix}\quad B_3=\begin{bmatrix}(1+\mu_1\gamma_1)F_1(t-1)-a_1\\(1+\mu_2\gamma_2)F_2(t-1)-a_2\end{bmatrix}
$$

$$A_4 = \begin{bmatrix} 1-\delta_1-\mu_1 & 0 \\ 0 & 1-\delta_2-c_2 \end{bmatrix} \qquad B_4 = \begin{bmatrix} (1+\mu_1\gamma_1)F_1(t-1)-a_1 \\ -a_2 \end{bmatrix}$$

$$A_5 = \begin{bmatrix} 1-\delta_1-\mu_1-c_1 & e_1 \\ e_2 & 1-\delta_2-c_2 \end{bmatrix} \qquad B_5 = \begin{bmatrix} (1+\mu_1\gamma_1)F_1(t-1)-a_1 \\ -a_2 \end{bmatrix}$$

$$A_6 = \begin{bmatrix} 1-\delta_1-c_1 & e_1 \\ e_2 & 1-\delta_2-c_2 \end{bmatrix} \qquad B_6 = \begin{bmatrix} -a_1 \\ -a_2 \end{bmatrix}$$

7.2 稳定性分析

很少有文献对具有需求依赖库存的切换系统稳定性进行研究。切换系统的稳定性会影响到决策者行为。当切换系统在有限时间内处于稳定时，决策者的利润将是确定性的；当切换系统处于不稳定状态时，订单和库存将出现不可控制的波动，进而影响到决策者行为。每一个子系统和切换规则都会对线性和非线性切换系统的稳定性产生影响。

对线性离散系统 $y(t)=Ay(t-1)$，如果矩阵 A 的所有特征值都在单位圆内，则线性离散系统是稳定的，否则线性离散系统是不稳定的。本章中六个子系统的稳定性分别由它们的特征值A_i，$i=1$，2，…6 所决定。

7.2.1 子系统 1 的稳定性

矩阵A_1 的两个特征值$\lambda_1=1-\delta_1-\mu_1$，$\lambda_2=1-\delta_2-\mu_2$。如果$|\lambda_i|<1$，$i=1$，2,子系统 1 是稳定的。所以，子系统 1 的稳定条件为$0<\delta_i+\mu_i<1$，$i=1$，2，稳定条件依赖于补货参数δ_i和μ_i，$i=1$，2。然而，供应链系统不总是处于子系统 1 状态，供应链的稳定性还依赖于其他子系统。

7.2.2 子系统 2 的稳定性

矩阵A_2 的特征方程式如下：

$$|\lambda I-A_2| = \begin{vmatrix} \lambda-(1-\delta_1-\mu_1) & 0 \\ -e_2 & \lambda-(1-\delta_2-\mu_2-c_2) \end{vmatrix} = 0 \quad (7-14)$$

求解可得矩阵A_2的两个特征值分别为$\lambda_1=1-\delta_1-\mu_1$，$\lambda_2=1-\delta_2-\mu_2-c_2$。为了使子系统2稳定，$A_2$的两个特征值必须满足$|\lambda_i|<1$，$i=1, 2$，即子系统2的稳定条件是$0<\mu_1+\delta_1<2$，$0<\mu_2+\delta_2<2-c_2$，可以看出稳定条件依靠参数$\delta_i$，$c_2$和$\mu_i$。

7.2.3 子系统3的稳定性

A_3的特征方程式如下：

$$|\lambda I-A_3|=\begin{vmatrix}\lambda-(1-\delta_1-\mu_1-c_1) & -e_1\\ -e_2 & \lambda-(1-\delta_2-\mu_2-c_2)\end{vmatrix}=0 \tag{7-15}$$

其两个特征值为：

$$\lambda_{1,2}=1-\frac{(\delta_1+\mu_1+c_1+e_1)+(\delta_2+\mu_2+c_2+e_2)}{2}\pm\sqrt{\frac{[(\delta_1+\mu_1+c_1+e_1)+(\delta_2+\mu_2+c_2+e_2)]^2+4e_1e_2}{4}} \tag{7-16}$$

因为$(\delta_1-\delta_2+\mu_1-\mu_2+c_1-c_2+e_1-e_2)^2+4e_1e_2\geqslant 0$，子系统3的两个特征值为实数，所以当$-1<\lambda_1\leqslant\lambda_2<1$时，子系统3是稳定的。

显然，$\lambda_1<1$，$\lambda_1>-1$等价于$w_1+w_2+\sqrt{(w_1-w_2)^2+4e_1e_2}<4$或者$\begin{cases}w_1+w_2\leqslant 4\\ 2(w_1-w_2)-w_1w_2<4-e_1e_2\end{cases}$。其中，$w_1=\delta_1+\mu_1+c_1+e_1$，$w_2=\delta_2+\mu_2+c_2+e_2$。

同样，$\lambda_2<1$等价于$e_1e_2<w_1w_2$，$-1<\lambda_2$等价于$4-e_1e_2<w_1w_2-(w_1+w_2)$。子系统3的稳定域需要满足以下条件：

$$\begin{cases}w_1+w_2\leqslant 4\\ 2(w_1+w_2)-w_1w_2<4-e_1e_2<w_1w_2\\ e_1e_2<w_1w_2-2(w_1+w_2)\end{cases} \tag{7-17}$$

7.2.4 子系统4的稳定性

A_4的特征方程式为：

$$|\lambda I - A_4| = \begin{vmatrix} \lambda - (1-\delta_1-\mu_1) & 0 \\ -e_2 & \lambda - (1-\delta_2-c_2-e_2) \end{vmatrix} = 0 \quad (7-18)$$

A_4的两个特征值为：

$$\lambda_1 = 1-\delta_1-\mu_1, \lambda_2 = 1-\delta_2-c_2-e_2 \quad (7-19)$$

子系统 4 处于稳定状态时，A_4的两个特征值必须满足$|\lambda_i|<1$，$i=1$，2，即$0<\mu_1+\delta_1<2$，$0<\delta_2+c_2+e_2<2$。

7.2.5 子系统 5 的稳定性

A_5的特征方程式为：

$$|\lambda I - A_5| = \begin{vmatrix} \lambda - (1-\delta_1-\mu_1-c_1-e_1) & -e_1 \\ -e_2 & \lambda - (1-\delta_2-c_2-e_2) \end{vmatrix} = 0$$

(7-20)

化简上式得：

$$\lambda^2 - (2-\delta_1-\delta_2-\mu_1-c_1-c_2-e_1-e_2)\lambda + (1-\delta_1-\mu_1-c_1-e_1)(1-\delta_2-c_2-e_2) - e_1 e_2 = 0$$

A_5的两个特征值为：

$$\lambda_{1,2} = 1 - \frac{\delta_1+\mu_1+c_1+e_1+\delta_2+c_2+e_2}{2} \pm \sqrt{\frac{[(\delta_1+\mu_1+c_1+e_1)-(\delta_2+c_2+e_2)]^2+4e_1 e_2}{4}}$$

(7-21)

其中，$[(\delta_1+\mu_1+c_1+e_1) - (\delta_2+c_2+e_2)]^2+4e_1 e_2 \geqslant 0$，$A_5$的特征值为实数。当$-1<\lambda_1\leqslant\lambda_2<1$时，子系统 5 是稳定的。$-1<\lambda_1<1$等价于$2(w_1+w_2)-w_1 w_2<4-e_1 e_2$，$w_1+w_2\leqslant 4$，其中$w_1=\delta_1+\mu_1+c_1+e_1$，$w_2=\delta_2+c_2+e_2$。同理，$\lambda_2<1$等价于$e_1 e_2<w_1 w_2$，$\lambda_2>-1$等价于$4-e_1 e_2<w_1 w_2-2(w_1+w_2)$。子系统 5 的稳定条件为：

$$\begin{cases} w_1+w_2 \leqslant 4 \\ 2(w_1+w_2)-w_1 w_2 < 4-e_1 e_2 < w_1 w_2 - 2(w_1+w_2) \\ e_1 e_2 < w_1 w_2 \end{cases} \quad (7-22)$$

7.2.6 子系统6的稳定性

A_6的特征方程式为：

$$|\lambda I - A_6| = \begin{vmatrix} \lambda - (1-\delta_1-\mu_1-c_1-e_1) & -e_1 \\ -e_2 & \lambda-(1-\delta_2-c_2-e_2) \end{vmatrix} = 0 \quad (7-23)$$

化简得到：

$$\lambda^2 - (2-\delta_1-\delta_2-c_1-c_2-e_1-e_2)\lambda + (1-\delta_1-c_1-e_1)(1-\delta_2-c_2-e_2) - e_1 e_2 = 0$$

A_6两个特征值为：

$$\lambda_{1,2} = 1 - \frac{\delta_1+c_1+e_1+\delta_2+c_2+e_2}{2} \pm \sqrt{\frac{[(\delta_1+c_1+e_1)-(\delta_2+c_2+e_2)]^2+4e_1 e_2}{4}} \quad (7-24)$$

其中，$[(\delta_1+c_1+e_1) - (\delta_2+c_2+e_2)]^2+4e_1 e_2 \geqslant 0$，$A_6$的特征值为实数，子系统6稳定性条件为：$-1<\lambda_1 \leqslant \lambda_2 <1$。$-1<\lambda_1<1$等价于$2(w_1+w_2)-w_1 w_2<4-e_1 e_2$，$w_1+w_2 \leqslant 4$，其中，$w_1=\delta_1+c_1+e_1$，$w_2=\delta_2+c_2+e_2$。

同理，$\lambda_2<1$等价于$e_1 e_2<w_1 w_2$，$\lambda_2>-1$等价于$4-e_1 e_2<w_1 w_2-2(w_1+w_2)$。子系统6的稳定性条件为：

$$\begin{cases} w_1+w_2 \leqslant 4 \\ 2(w_1+w_2)-w_1 w_2 < 4-e_1 e_2 < w_1 w_2 - 2(w_1+w_2) \\ e_1 e_2 < w_1 w_2 \end{cases} \quad (7-25)$$

根据以上分析，子系统3的稳定域最小。子系统3稳定时，其他子系统也处于稳定状态。参数值对系统稳定性有很大影响，如劣化率、两种产品的替代性、需求预测参数、库存目标水平、补货参数和需求参数等。换句话说，参数值本质上改变了供应链的动态行为，供应链系统呈现出更加复杂的特征。当参数值超过稳定范围时，供应链系统进入混乱状态，从而给供应链参与者的决策行为带来更大的不确定性。

和考虑顾客需求与两个零售商的库存水平有关，供应链系统呈现出更复杂的动力学行为。供应链参与者必须采取措施使供应链系统处于稳定状态。较低的目标库存水平会影响供应链系统的稳定性，供应链管理者通过调整需求预测方法或选择适当的补货参数值，使供应链系统处于稳定状态。

由稳定和不稳定子系统组成的切换供应链系统具有复杂的动力学行为。文献给出，如果存在满足$A_i^T P A_i - P < 0$，$\forall i \in \{1, 2, \cdots, 6\}$的正定对称矩阵$P$，则切换供应链系统（7－13）是稳定的。

7.3 模拟实验

当所有子系统都稳定时，切换线性系统处于稳定状态。那么，当所有子系统不稳定或切换系统由稳定和不稳定的子系统组成时，切换线性系统呈现出什么样的动力学特征？下面使用模拟实验来研究这两种情形下切换供应链系统的动力学特征。不考虑仅有不稳定子系统组成的切换线性系统，因为在此情景下切换线性系统最终是不稳定的。故在企业运营实践中，管理者应该选择合适的参数值避免这种情景发生。

下面对两种情境下切换供应链系统的动力学行为进行模拟实验，情境一：所有子系统都处于稳定状态；情境二：稳定和不稳定子系统共存。供应链系统的动力学行为是受需求参数和决策变量影响的，下面分析参数对切换线性供应链系统动力学行为的影响。

7.3.1 所有子系统稳定时的动态仿真

根据以上分析可知，子系统3稳定时，切换线性供应链系统处于稳定状态。根据企业实际竞争数据，参数值取值如下：$(\theta_1, a_1, i_1^0, \delta_1, \gamma_1, c_1, e_1) = (0.25, 10, 18, 0, 0.01, 1.4, 0.1)$，$(\theta_2, a_2, i_2^0, \delta_2, \gamma_2, c_2, e_2) = (0.25, 10, 17, 0, 0.01, 1.4, 0.1)$，初始值$w_1(1) = 18$，$w_2(1) = 17$。图7－1表示随参数值的变化库存和订单的变化。可以看出库存和订单在有限的时间内可以保持稳定水平，这表明当所有子系统都处于稳定状态时，切换线性供应链系统趋于稳定。随着产品恶化率的增加，切换线性供应链系统需要更长的博弈周期才能达到稳定状态。在稳定状态下库存水平可以快速恢复到所需要的水平，可以降低库存和订单成本。

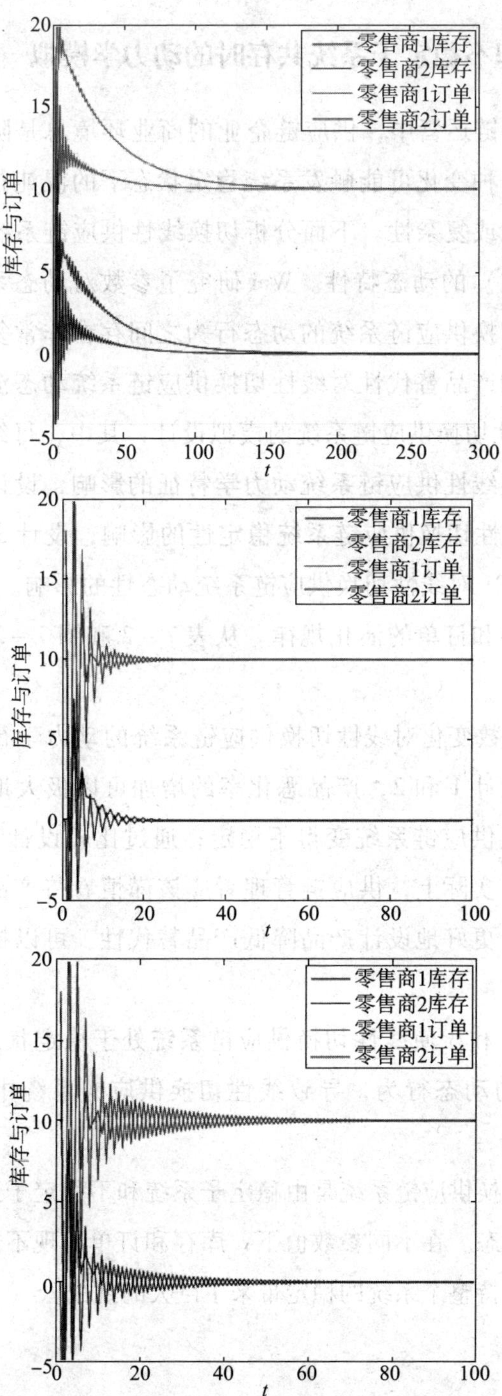

图7-1 所有子系统稳定时库存和订单的变化

7.3.2 稳态和不稳定子系统共存时的动力学模拟

在实际供应链运营中，供应链企业的商业环境总是随着外部环境的变化而变化。这种变化可能触发系统稳定状态下的混沌行为，从而扩大系统的不确定性或复杂性。下面分析切换线性供应链系统（由稳定和不稳定子系统组成）的动态特性。Wei 研究了参数对动态系统的影响，发现参数和线性切换供应链系统的动态行为之间存在非常复杂的关系。下面分析恶化率和产品替代性对线性切换供应链系统动态演化的影响。表 7－2 给出了线性切换供应链系统的模拟设计，其中，每组模拟用于分析一个参数对切换线性供应链系统动力学特征的影响，设计 1 和 2 分析劣化率（δ_i）对线性切换供应链系统稳定性的影响，设计 3 和 4 用于研究产品替代性（e_i）对线性切换供应链系统动态性的影响。图 7－2 给出不同参数值下库存和订单的演化规律。从表 7－2 和图 7－2 可以得出以下结论：

（1）4 类参数变化对线性切换供应链系统的动力学行为产生很大影响。通过比较设计 1 和 2，产品恶化率的增加可以极大地扩大库存和订单，使线性切换供应链系统变得不稳定；通过比较设计 3 和 4，可以得到类似的结论。实际上，供应链管理者应该谨慎看待产品恶化率，重视加强质量管理。更好地设计产品降低产品替代性，可以提高供应链的稳定性。

（2）设计 1 和 3 使线性切换供应链系统处于稳定状态，设计 2 和 4 扩大了供应链的动态行为，导致线性切换供应链系统中的库存和订单更大。

即使线性切换供应链系统是由稳定子系统和不稳定子系统组成，也可能呈现出稳定状态。在不同参数值下，库存和订单出现不规则波动。这些特征对零售商保持整个系统的稳定带来了巨大的挑战。

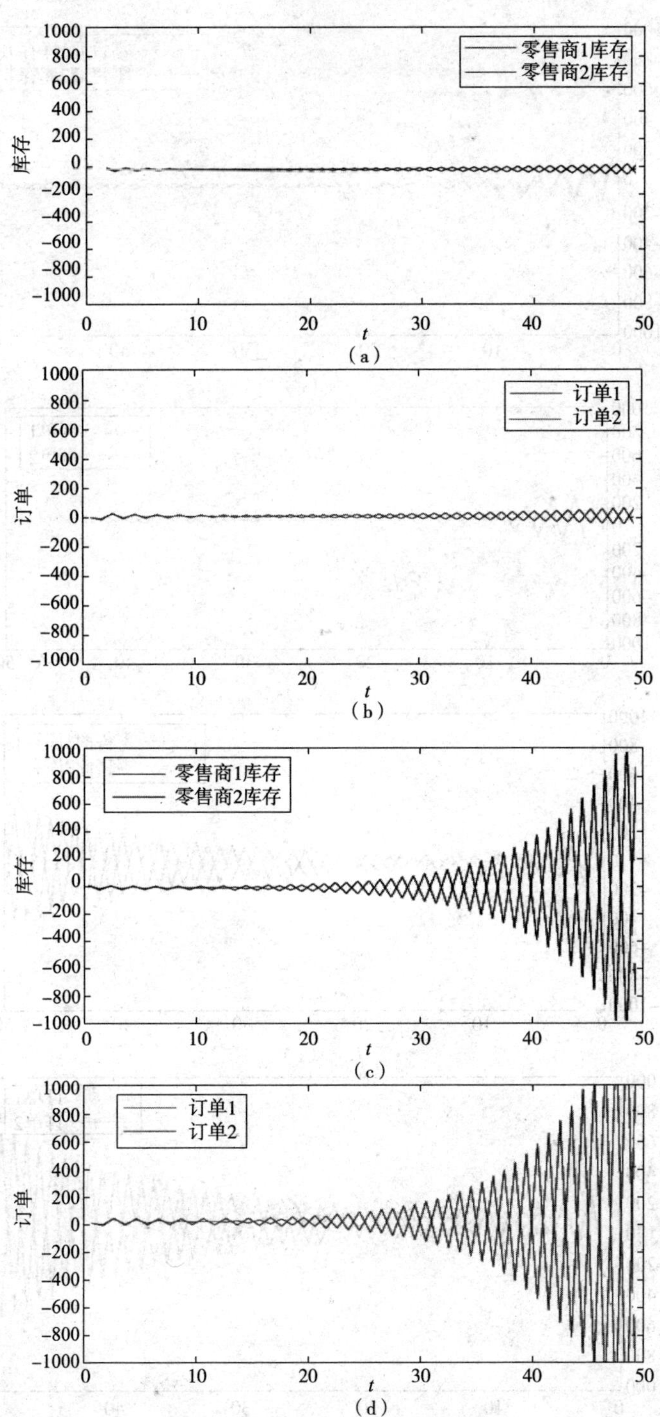

图7-2 参数值对库存和订单的影响

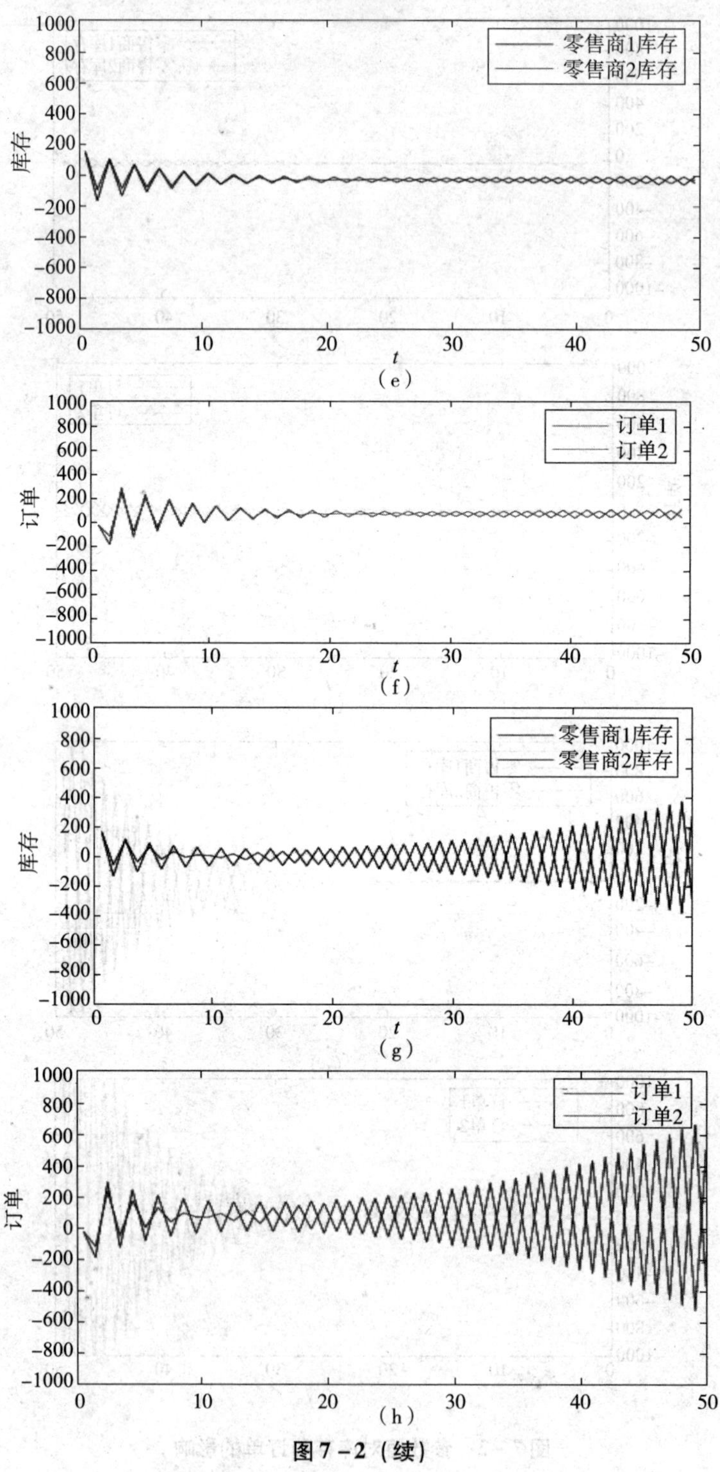

1000
800
600
400
200
0
−200
−400
−600
−800
−1000
库存
t
零售商1库存
零售商2库存
0
10
20
30
40
50
(e)
订单
订单1
订单2
(f)
零售商1库存
零售商2库存
(g)
订单1
订单2
(h)

图 7-2（续）

表7-2 稳态和不稳定子系统共存时的实验设计

模拟设计		参数值 $(\delta_1, e_1, \delta_2, e_2)$	子系统的稳定性					
			子系统1	子系统2	子系统3	子系统4	子系统5	子系统6
模块1	设计1	(0.01, 0.1, 0.01, 0.1)	S	S	US	S	S	S
	设计2	(0.09, 0.1, 0.09, 0.1)	S	US	US	S	US	S
模块2	设计3	(0.01, 0.05, 0.01, 0.1)	S	S	US	S	S	S
	设计4	(0.01, 0.1, 0.01, 0.1)	S	US	US	S	US	S

7.3.3 参数对切换供应链系统稳定性的影响

对动力系统进行模拟分析，相比一维分岔图，二维参数分岔图（参数盆域）是一个强有力的工具。二维参数分岔图用不同的颜色来表示不同的稳定周期。下面用二维参数分岔图分析参数对切换线性供应链系统稳定性的影响。根据企业实际竞争情况，参数取值如下：$(\theta_1, a_1, i_1^0, \delta_1, \gamma_1, c_1, e_1) = (0.20, 10, 18, 0, 0, 0.2, 0.1)$，$(\theta_2, a_2, i_2^0, \delta_2, \gamma_2, c_2, e_2) = (0.20, 10, 17, 0, 0, 0.2, 0.1)$，$w_1(1) = 18$，$w_2(1) = 17$。

图7-3（a）是关于参数(μ_1, μ_2)的参数盆域，不同的颜色表示不同的周期状态，如稳定状态（黑色）、周期状态（白色）、混乱状态（无）和溢出（灰色）（此状态意味着其中的一个零售商将退出市场）。从图7-3（a）可以看出，随着参数μ_1或μ_2的增加，线性切换供应链系统从稳定状态进入二周期、四周期，之后进入混沌状态。为了分析参数对系统稳定性的影响，图7-3（b）、图7-3（c）、图7-3（d）分别给出了$e_1 = e_2 = 0.4$，$\gamma_1 = \gamma_2 = 1.2$和$c_1 = c_2 = 0.6$的参数盆域。

从图形可以看出，黑色区域随着参数值的变化而变小。也就是说，当产品的替代品和目标库存水平较小时，交换线性系统的稳定区域变大，意味着两家零售商之间的竞争更加激烈。

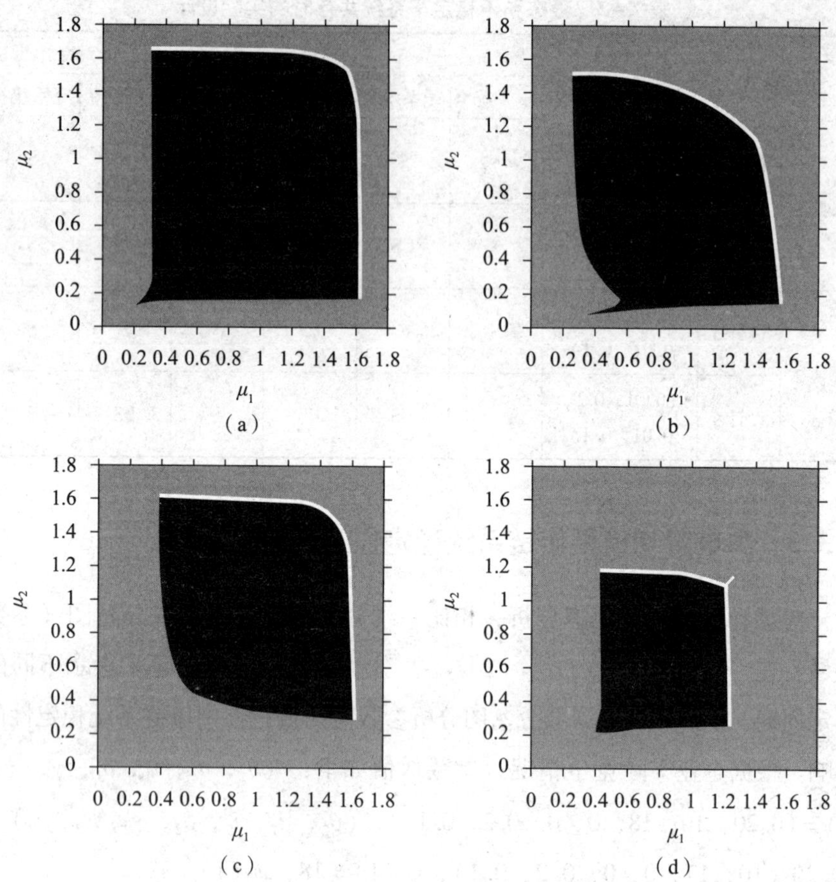

图 7-3 切换线性系统的参数图盆

通过以上分析可知，线性切换供应链系统的稳定性受到参数值的影响，在周期运动状态，库存和订单波动较大，导致库存和订单成本较高，决策者应制定措施避免混沌和周期运动的发生。实践中，两个零售商可以选择较小的补货参数值和增加产品的差异性来降低系统的不稳定性。

7.4 本章小结

本章研究由两个外部供应商和两个零售商组成的切换供应链系统，供应链系统定期检查库存，顾客需求依赖两个零售商的库存水平。两个零售商采用广义订购政策向两个外部供货商订货。每个外部供应商有足够的库存来满足零售商的订货需求，需求依赖于库存。考虑两个零售商均等的市场结构，子系统之间的切换取决于需求预测和库存水平。供应链系统可以在六种情境下进行切换，为此本章构建了六种情境模型。运用解析解的方法，分析了六种情境模型的稳定性，并通过数值模拟分析了供应链系统的演化过程，运用二维分岔图模拟了参数变化对系统稳定域的影响。研究发现需求依赖库存下的零售商之间的竞争使线性系统的动态演化过程变得简单。

第 8 章

总结与展望

本书综合运用经济学、非线性动力学、博弈论等相关学科理论，研究了风险规避型供应链博弈模型及其复杂动力学演化过程，研究结果具有理论和现实意义。本章将总结全书的研究内容，并对今后的研究工作进行展望。

8.1 研究总结

本书以经济学理论、有限理性为基础，采用非线性动力学分析了风险规避型供应链内部企业之间的复杂关系，分析参数对企业决策的影响，并做了稳定性分析；考虑了销售渠道和营销理念对供应链的影响，建立了相应的供应链模型；考虑了制造商广告投入竞争博弈模型，零售商分担广告投入成本。用参数调整法、非线性反馈控制法作用于风险规避型供应链系统，使它回到有序竞争的稳定状态。本书的研究可为风险规避型供应链在复杂多变的环境下有序竞争提供有利条件。现将本书的主要研究成果总结如下：

1. 建立了零售商的供应链产量竞争模型，结合现实竞争中零售商面对顾客的需求波动表现出风险规避行为的实际情况，在离散决策和团队决策下建立了风险规避型供应链产量动态博弈模型；运用非线性理论，得到模型纳什均衡点的稳定域范围。研究发现，在两种决策模型下，产品的需求波动性对该零售商产量调整的稳定性产生很大影响，对其他零售商产量调整的稳定性没有影响；零售商的风险态度对系统的稳定性没有影响。在团队决策模型下，当零售商的产量调整速度一定时，产品的市场分配对系统的稳定性产生影响。最后用状态反馈和参数调整控制法，对系统的混沌行为进行有效控制。研究结果表明，当市场处于稳定状态时，系统效能最高；系统处于周期分岔或者混沌状态时，系统的利润会有所损失。研究还发现，激烈的市场竞争在一定程度上增加市场的稳定性。

2. 根据现实竞争中供应链中上下游企业对需求不确定性具有风险规避行为，研究了风险规避型供应链的 Bertrand - Stackelberg 价格动态博弈模型，制造商和零售商都具有风险规避行为。研究结果表明，需求波动越大，供应链越不稳定，企业之间的竞争变弱；零售商风险规避行为对系统的稳定性没有影响，但制造商风险规避行为使系统的稳定性变弱；制造商和零售商的风险规避行为都影响了系统的纳什均衡值。

3. 基于 Hotelling 模型，考虑传统销售和概率销售两种销售渠道，建立了一个由两个制造商和一个零售商组成的 Stackelberg 博弈模型，该模型考虑了顾客的异质性和顾客对概率产品的风险态度。通过对模型进行稳定性分析，得到模型纳什均衡点的稳定域范围。研究发现，价格调整参数的变化对系统的稳定有很大影响，顾客的风险态度和价格折扣对系统的稳定域产生影响；随着产品成为概率产品的概率增加，该产品价格调整速度的稳定域增加，竞争产品的价格调整速度的稳定域减弱。最后用非线性反馈控制方法，对系统的混沌行为进行有效控制。发现这种方法能很好地控制系统的混沌现象，使系统恢复到企业利润稳定增长的稳定状态。

4. 将广告投资引入供应链渠道竞争中，研究了风险规避型双渠道供应链中制造商和零售商广告投入博弈模型的复杂性。通过二维分岔图、对初值的敏感性、混沌吸引子和功率谱等研究了参数对系统稳定性的影响。应用延迟反馈控制方法对系统的混沌行为进行控制（也可采取降低产品替代率和控制产品价格调整速度），发现这种方法能很好地控制系统的混沌现象，使系统恢复到使企业利润稳定增长的稳定状态。

8.2 研究展望

把非线性动力学应用到社会经济科学领域方面的研究还处于起步阶

段，很多具体研究只是针对经典的理论经济学模型。以非线性动力学分析风险规避型供应链的发展演化过程的研究还处于初级阶段，供应链的决策者对需求的不确定性表现出风险规避行为，使决策者产生风险规避行为的因素很多，如经济发展情况、政策变化、不可抗力等因素。本书所研究的博弈模型只考虑了价格、产量或广告投入等决策变量，一些其他影响因素没有在模型中体现，研究的模型与现实情况还有一定的距离。

本书的研究仍有欠缺且值得做进一步深入研究，主要有：

（1）在快速发展的市场环境中，所建模型不能涵盖市场全部信息，如网络发展所带来的消费者的消费行为，消费者对于时间，物流敏感度等。因此，在现有模型基础上进行拓展，有针对性地解决风险型供应链参与者和顾客的问题，具有较大的研究空间和价值。

（2）本书采用了均值方差对参与者的风险进行度量，除此之外，还有其他风险度量方法，如 CVaR 和 VaR，可以用这些方法对供应链参与者的风险进行度量。

（3）本书所分析的模型是现实市场竞争情况的高度抽象化结果。虽然书中的模型是根据现实市场竞争建立的，引入了参与者的风险规避行为、销售渠道、服务投入等因素，使模型比经典的斯坦科尔伯格、伯川德模型更好地解释了现实问题，为风险规避型供应链的管理提供了理论依据；但本书在计算模拟实验中所用的数据是一种经验数据，并不是实证得来的，这使模型在解释真实的市场竞争方面缺乏针对性。在以后的研究中，争取通过实证得来的数据对模型做有针对性地分析，使本书所建立的模型及其分析结果更具应用价值。

虽然本书所建立的风险规避型供应链博弈模型跟现实情况还存在一定差距，但相信经过大家的不断开拓和创新，所研究的供应链模型可用来指导企业家决策，使企业在有序的竞争中不断发展。

参考文献

[1] 冯·若依曼，摩根斯坦恩．博弈论与经济行为［M］．上海：生活．读书．新知三联书店，2004.

[2] 马军海，吴可菲．中国啤酒市场的四寡头价格博弈及其延迟决策［J］．系统工程学报，2013，28（6）：717－728.

[3] 吉伟卓，马军海．发电市场不同决策规则三寡头博弈模型研究［J］．系统工程学报，2008（3）：257－263.

[4] 马国建，梅强，杜建国等．一类企业组织竞争中的复杂性表现评价［J］．管理科学学报，2008（4）：13－23.

[5] 张强，李立华．基于相空间重构技术的金融系统混沌识别［J］．经济数学，2011，28（2）：40－43.

[6] 王晶，王寻．受约束供应链模型的复杂动力学行为［J］．系统工程理论与实践，2012（4）：746－751.

[7] 陈奉苏．混沌控制及其应用［M］．北京：中国电力出版社，2006. 1－8.

[8] 裴文江，黄俊，刘文波等．自适应延迟反馈控制混沌［J］．控制理论与应用，1999，16（2）：297－300.

[9] 谢识予．经济博弈论［M］．上海：复旦大学出版社，2008.

[10] 西蒙．管理行为［M］．北京：机械工业出版社，2004.

[11] 张维迎，乔根·W. 威布尔．演化博弈论［M］．上海：上海人民出版社，2006.

[12] 高鸿业．西方经济学（第六版）［M］．北京：中国人民大学出版社，2014.

[13] 张维迎. 博弈论与信息经济学 [M]. 上海：格致出版社，2012，4.

[14] 赵晗萍，蒋家东，冯允成. 基于 GA - RL 的进化博弈求解主从博弈结构的供应链协调问题 [J]. 系统工程理论与实践，2010，30 (4)：667 - 672.

[15] 杨华. 闭环供应链的契约协调机制研究 [D]. 长春：吉林大学，2009.

[16] 刘扬正，石金贵，李平. 利用非线性反馈控制 Henon 混沌系统的低周期态 [J]. 兰州理工大学学报，2005 (3)：143 - 145.

[17] March J., Shapira Z.. Managerial perspectives on risk and risk taking [J]. Management Science, 1987, 33 (11): 1404 - 1418.

[18] Nash J. F.. Equilibrium points in N - person games [J]. Proceedings of the National Academy of Science of the United States of America, 1950, 36: 48 - 49.

[19] Nash J. F.. Non - cooperative games [J]. Annals of Mathematics, 1951, 54: 286 - 295.

[20] Selten R.. Spieltheoretische behandlung eines oligopolmodells mit nachfragetr gheit: Teil I: Bestimmung des dynamischen preisgleichgewichts [J]. Journal of Institutional and Theoretical Economics, 1965, 121 (2): 301 - 324.

[21] Harsanyi J. C.. Games with incomplete information played by "Bayesian" players [J]. I - III. PartI. The Basic Model, Management Science, 1967, 14 (3): 159 - 182.

[22] Kreps D M., Wilson R. Reputation and imperfect information [J]. Journal of Economic Theory, 1982, 27 (2): 253 - 279.

[23] Rand D.. Exotic Phenomena in Games and Duopoly Models [J]. Journal of Mathematical Economics, 1978, 5 (2): 173 - 184.

[24] Puu T.. Complex dynamics with three Oligopolists [J]. Chaos, Solitons &Fractals, 1996, 7 (12): 2075 - 2081.

[25] Puu T.. The chaotic duopolists revisited [J]. Journal of Economic

Behavior Organization, 1998, 33 (3 -4): 385 -394.

[26] Puu T. , Marín MR. . The dynamics of a triopoly cournot game when the competitors operate under capacity constraints [J]. Chaos, Solitons & Fractals, 2006, 28 (2): 403 -413.

[27] Ahmen E. , Agiza H N. , Hassan S Z. . On modelling advertisement in Cournot duopoly [J]. Chaos Solitions & Fractals, 1999, 10 (7): 1179 -1184.

[28] Matsumoto A. . Controlling the Cournot - Nash chaos [J]. Journal of Optimization Theory and Applications, 2006, 128 (2): 379 -392.

[29] Tramontana F. , Gardini L. , Puu, T. . Global bifurcations in a piecewise - smooth Cournot duopoly game [J]. Chaos Solitions & Fractals, 2010, 43 (1 -12): 15 -24.

[30] Canovas J. S. , Medina D. L. . Topological entropy of Cournot - Puu duopoly [J]. Discrete Dynamic in Nature and Society, 2010, doi: 10. 1155/2010/506940.

[31] Askar S. S. . The impact of cost uncertainty on Cournot duopoly game with concave demand function [J]. Journal of Applied Mathematics, 2013, doi: 10. 1155/2013/809795.

[32] Askar S. S. . The impact of cost uncertainty on Cournot duopoly game with concave demand function [J]. Journal of Applied Mathematics, 2013, doi: 10. 1155/2013/809795

[33] Askar S. S. . The impact of cost uncertainty on Cournot oligopoly game with concave demand function [J]. Applied Mathematics and Comptation, 2014, 232: 144 -149.

[34] Wu F. , Ma J. H. . The chaos dynamic of multiproduct Cournot duopoly game with managerial delegation [J]. Discrete Dynamics in Nature and Society, 2014, doi: 10. 1155/2014/206961.

[35] Ahmed E. , Elettreby M. F. . Controls of the complex dynamics of a multi - market Cournot model [J]. Economic Modelling, 2014, 37: 251 -254.

[36] Ding Z. W , Wang Q. , Jiang S. M. . Analysis on the dynamics of a

Cournot investment game with bounded rationality [J]. Economic Modelling, 2014, 39: 204-212.

[37] Ding Z. W., Zhu X. F., Jiang S. M.. Dynamical Cournot game with bounded rationality and time delay for marginal profit [J]. Mathematics and Computers in Simulation, 2014, 100: 1-12.

[38] Cavalli F., Naimzada A. A. Cournot duopoly game with heterogeneous player: Nonlinear dynamics of the gradient rule versus local monopolistic approach [J]. Applied Mathematics and Computation, 2014, 249: 382-388.

[39] Agiza H. N., Hegazi A. S., Elsadany A. A.. Complex dynamics and synchronization of a duopoly game with bounded rationality [J]. Mathematics and Computers in Simulation, 2002, 58 (2): 133-146.

[40] Ma J. H., Tu H. L.. Complexity of a Duopoly Game in the Electricity Market with Delayed Bounded Rationality [J]. Discrete Dynamics in Nature and Society, 2012, doi: 10.1155/2012/698270.

[41] Ma J. H., Wang H. W.. Complex Dynamics Analysis for a Cournot-Bertrand mixed game model with delayed bounded rationality [J]. Abstract and Applied Analysis, 2013, doi: 10.1155/2013/251702.

[42] Matsumoto A., Szidarovszky F.. Dynamics in linear Cournot duopolies with two time delays [J]. Computational Economics, 2011, 38 (3): 311-327.

[43] Elsadany A.. Dynamics of a delayed duopoly game with bounded rationality [J]. Mathematical and Computer Modelling, 2010, 52 (9-10): 1479-1489.

[44] Ma J. H., Ji W. Z.. Chaos control on the repeated game model in electric power duopoly [J]. International Journal of Computer Mathematics, 2008, 85 (6): 961-967.

[45] Ma J. H., Ji W. Z.. Complexity of repeated game model in electric power triopoly [J]. Chaos, Solitons & Fractals, 2009, 40 (4): 1735-1740.

[46] Zhang J. X., Da Q. L., Wang Y. H.. The dynamics of Bertrand model with bounded rationality [J]. Chaos Solitons & Fractals, 2009, 39

(5): 2048 –2055.

[47] Xin B. G., Chen T.. On a master – slave Bertrand game model [J]. Economic Modelling, 2011, 28 (4): 1864 –1870.

[48] Sun Z. H., Ma J. H.. Complexity of triopoly price game in chinese cold rolled steel market [J]. Nonlinear Dynamics, 2012, 67 (3): 2001.

[49] Ma J. H., Sun Z. H.. The research on price game model and its complex characteristics of triopoly in different decision – making rule [J]. Nonlinear Dynamics, 2013, 71 (1 –2): 35 –53.

[50] Ma J. H., Zhang J. L.. Research on the price game and the application of delayed decision in oligopoly insurance market [J]. Nonlinear Dynamics, 2012, 70 (4): 2327 –2341.

[51] Ahmed E, Elsadany A A, Puu T. On bertrand duopoly game with differentiated goods [J]. Applied Mathematics and Computation, 2015, 251: 169 –179.

[52] Xin B. G., Li Y. T.. Bifurcation and chaos in a price game of irrigation water in a coastal irrigation district [J]. Discrete Dynamics in Nature and Society, 2013, doi: 10. 1155/2013/408904.

[53] Wang H. W., Ma J. H.. Complexity analysis of a Cournot – Bertrand duopoly game with limited information [J]. Discrete Dynamics in Nature and Society, 2013, doi: 10. 1155/2013/287371.

[54] Wang H. W., Ma J. H.. Complexity analysis of a Cournot – Bertrand duopoly game with different expectations [J]. Nonlinear Dynamic, 2014, 78 (4): 2759 –2768.

[55] Askar S. S.. On Cournot – Bertrand competition with differentiated products [J]. Annals of Operations Research, 2014, 223 (1): 81 –93.

[56] Ma J. H., Wang H. W.. Complexity dynamics analysis for a Cournot – Bertrand mixed game model with delayed bounded rationality [J]. Abstract and Applied Analysis, 2013, doi:? 10. 1155/2013/251702.

[57] Michele B., Luigi M.. Acyclicity and stability for intertemporal opti-

mization models [J], International Economic Review, 1980, 29 (1): 137 –146.

[58] Caballe J., Jarque X., Michetti E.. Chaotic dynamics in credit constrained emerging economies [J]. Journal of Economic Dynamics & Control, 2006, 30 (8): 1261 –1275.

[59] Feichtinger G.. Chaos in nonlinear dynamical systems exemplified by an R&D model [J]. European Journal of Operational Research, 1993, 68 (2): 145 –159.

[60] William J. B., Edward N. W.. Feedback from productivity growth to R&D [J]. The Scandinavian Journal of Economics, 1983, 85 (2): 147 –157.

[61] Benhabib J.. Cycles and chaos in economic equilibrium [J]. Cycles & Chaos in Economic Equilibrium, 1992.

[62] Fanti L., Manfredi P.. Chaotic business cycles and fiscal policy: An IS –LM model with distributed tax collection lags [J]. Chaos, Solitons & Fractals, 2007, 32 (2): 736 –744.

[63] Chen Z. Q., Yang Y., Yuan Z Z. A single three – wing or four – wing chaotic attractor generated from a three dimensional smooth quadratic autonomous system [J]. Chaos Solitons & Fractals, 2008, 38: 1187 –1196.

[64] Ma J. H., Zhang Q., Gao Q.. Stability of a three – species symbiosis model with delays [J]. Nonlinear Dynamics, 2012, 67: 567 –572.

[65] Ma J. H., Tu H. L.. Analysis of the stability and Hopf bifurcation of money supply delay in complex macroeconomic models [J]. Nonlinear Dynamics, 2014, 76 (1): 497 –508.

[66] Guirao J. L. G., Garcia –Rubio R., Vera J. A.. On the dynamics of a inflation IS – LM model [J]. Economic Modelling, 2012, 29 (6): 2090 –2094.

[67] Cai J. P.. Hopf bifurcation in the IS – LM business cycle model with time delay [J]. Electronic Journal of Differential Equations, 2005, 15, 1 –6.

[68] Sportelli M., De Cesare L., Binetti M. T.. A dynamic IS – LM

model with two time delays in the public sector [J]. Applied Mathematics and Computation, 2014, 243: 728 –739.

[69] Sportelli M., De Cesare L., Binetti M. T.. A dynamic IS – LM model with two time delays in the public sector [J]. Applied Mathematics and Computation, 2014, 243: 728 –739.

[70] Ma J. H., Chen Y. S., Liu Z. R.. The matric algorithm of lyapunov exponent for the experimental data obtained in dynamic analysis [J]. Applied Mathematics and Mechanics, 1999, 20 (9): 985 –993.

[71] Chen Y. S., Ma J. H., Liu Z. R.. The state space reconstruction technology of different kinds of chaotic data obtained from dynamical system [J] Acta Mechanica Sinica, 1999, 15 (1): 82 –92.

[72] Gao Q., Ma J. H.. Chaos and hopf bifurcation of a finance system [J]. Nonlinear Dynamics, 2009, 58 (1): 209.

[73] Ma J. H., Gao Q.. Stability and hopf bifurcations in a business cycle model with delay [J]. Applied Mathematics and Computation, 2009, 215 (2): 829 –834.

[74] Ma J. H., Gao Q.. Analysis on the chaotic motion of a stochastic nonlinear dynamic system [J]. International Journal of Computer Mathematics, 2010, 87 (14): 3266 –3272.

[75] Soliman A. S.. Fractals in nonlinear economic dynamic systems [J]. Chaos, Solitons & Fractals, 1996, 7 (2): 247 –256.

[76] Ahmed E. H., Ei – misiery A., Agiza H. N.. On controlling chaos in an inflation – unemployment dynamical system [J]. Chaos, Solitons & Fractals, 1999, 10 (9): 1567 –1570.

[77] Chen L. P., Chai Y., Wu R. C.. Control and synchronization of fractional – order financial system based on linear control [J]. Discrete Dynamics in Nature and Society, 2011, doi: 10.1155/2011/958393.

[78] Forrester W.. Industrial dynamics: a major breakthrough for decision makers [J]. Harvard Business Review, 1958, 36 (4): 37 –66.

[79] Sterman J. D.. Modelling managerial behavior: misperceptions of feedback in a dynamic decision making experiment [J]. Management Science, 1989, 35 (3): 321-339.

[80] Mosekilde E., Larsen E. R.. Deterministic chaos in the beer production -distribution system [J]. System Dynamics Review, 1988, 4 (1): 131-147.

[81] Macdonald J. R., Frommer I. D., Karaesmen I. Z.. Decision making in the beer game and supply chain performance [J]. Operations Management Research, 2013, 6 (3-4): 119-126.

[82] Chen F., Drezner Z., Ryan J. K., Simchi-Levi D.. Quantifying the bullwhip effect in a simple supply chain: The impact of forecasting, lead times and information [J]. Management Science, 2000, 46 (3): 436-443.

[83] Chen F., Ryan J. K., Simchi-Levi D.. The impact of exponential smoothing forecasts on the bullwhip effect [J]. Naval Research Logistics, 2000, 47 (4): 269-286.

[84] Dejonckheere J., Disney S. M., Lambrecht M. R., et al. Measuring and avoiding the bullwhip effect: A control theoretic approach [J]. European Journal of Operational Research, 2003, 147 (3): 567-590.

[85] Ma J. H., Feng Y.. The Study of the Chaotic Behavior in Retailer's Demand Model [J]. Discrete Dynamics in Nature And Society, 2008, doi: 10.1155/2008/792031.

[86] Wang N. M., Ma Y. G., He Z. W.. The impact of consumer price forecasting behavior on the bullwhip effect [J]. International Journal of Production Research, 2014, 52 (22): 6642-6663.

[87] Najafi M., Farahani R. Z.. New forecasting insights on the bullwhip effect in a suply chain [J]. IMA Journal of Management Mathematics, 2014, 25 (3): 259-286.

[88] Nagaraja C. H., Thavaneswaran A., Appadoo S. S.. Measuring the bullwhip effect for supply chains with seasonal demand components [J]. European Journal of Operational Research, 2015, 242 (2): 445-454.

[89] Hwarng H. B. , Xie N. . Understanding supply chain dynamics: a chaos perspective [J]. European Journal of Operational Research, 2008, 184 (3): 1163 - 1178.

[90] Wang G. H. , Ma J. H. . Modeling and complexity study of output game among multiple oligopolistic manufacturers in the supply chain system [J]. International Journal of Bifurcation and Chaos, 2013, 23 (3), doi: 10.1142/S0218127413500387.

[91] Guo Y. H. , Ma J. H. . Research on game model and complexity of retailer collecting and selling in closed - loop supply chain [J]. Applied Mathematical Modeling, 2013, 37 (7): 5047 - 5058.

[92] Hwarng H. B. , Yuan X. C. . Interpreting supply chain dynamics: A quasi - chaos perspective [J]. European Journal of Operational Research, 2014, 233 (3): 566 - 579.

[93] Li T. , Ma J. H. . Complexity analysis of dual - channel game model with different managers' business objectives [J]. Communications in Nonlinear Science and Numerical Simulation, 2015, 20 (1): 199 - 208.

[94] Li T. , Ma J. H. . Complexity analysis of the dual - channel supply chain model with delay decision [J]. Nonlinear Dynamics, 2014, 78 (4): 2617 - 2626.

[95] Wei Y. C. , Wang H. W. , Qi C. . The impact of stock - dependent demand on supply chain dynamic [J]. Applied Mathematical Modeling, 2013, 37 (18 - 19): 8348 - 8362.

[96] Shih S. C. , Hsu S. H. Y. , Zhu Z. W. , Balasubramanian S. K. . Knowledge sharing - A key role in the downstream supply chain [J]. Information & Management, 2012, 49 (2): 70 - 78.

[97] Serdarasan S. . A review of supply chain complexity drivers [J]. Computers & Industrial Engineering, 2013, 66 (3): 533 - 540.

[98] Wang X. , Disney SM. , Wang J. . Stability analysis of constrained inventory systems with transportation delay [J]. European Journal of Operation-

al Research, 2012, 223 (1): 86 -95.

[99] Ma J. H. , Guo Y. H. . Reserch on Third - Party collecting game model with competition in closed - loop supply chain based on complex systems theory [J]. Abstract and Applied Analysis, 2014, doi: 10. 1155/2014/750179.

[100] Gan X. H. , Sethi S. P. , Yan H. M. . Coordination of supply chains with risk - averse agents [J]. Production and Operations Management, 2004, 13 (2): 135 -149.

[101] Gan X. H. , Sethi S. P. , Yan H. M. . Channel coordination with a risk - neutral supplier and a downside - risk - averse retailer [J]. Production and Operations Management, 2005, 14 (1): 80 -89.

[102] Wang C. X. , Webster S. . Channel coordination for a supply chain with a risk - neutral manufacturer and a loss - averse retailer [J]. Decision Sciences, 2007, 38 (3): 361 -389.

[103] Yang D. Q. , Xiao T. J. , Shen H. C. . Pricing, service level and lot size decisions of a supply chain with risk - averse retailers: implications to practitioners [J]. Production Planning & Control, 2009, 20 (4): 320 -331.

[104] Hsieh C. C. , Lu Y. T. . Manufacturer' s return policy in a two - stage supply chain with two risk - averse retailers and random demand [J]. European Journal of Operational Research, 2010, 207 (1): 514 -523.

[105] Xie G. , Yue W. Y. , Wang S. Y. , et al. . Quality investment and price decision in a risk - averse supply chain [J]. European Journal of Operational Research, 2011, 214 (2): 403 -410.

[106] Li B. , Chen P, Li Q. H, et al. Dual - channel supply chain pricing decisions with a risk - averse retailer [J]. European Journal of Operational Research, 2014, 52 (23): 7132 -7147.

[107] Xiao T. J. , Xu T. T. . Pricing and product line strategy in a supply chain with risk - averse players [J]. International Journal of Production Economics, 2014, 156: 305 -315.

[108] Zhou Y. J., Chen Q., Chen X. H., et al.. Stackelberg game of buyback policy in supply chain with a risk - averse retailer and a risk - averse supplier based on CVaR [J]. Plos One, 2014, 9 (9), doi: 10.1371/journal. pone. 0104576.

[109] Xu G. Y., Dan B., Zhang X. M., et al.. Coordinating a dual - channel supply chain with risk - averse under a two - way revenue sharing contract [J]. International Journal of Production Economics, 2014, 147: 171 - 179.

[110] Chen X., Shum S., Simchi - Levi D.. Stable and coordinating contracts for a supply chain with multiple risk - averse suppliers [J]. Production and Operations Management, 2014, 23 (3): 379 - 392.

[111] Dai J. S., Meng W. D.. A risk - averse newsvendor model under marketing - dependency and price - dependency [J]. International Journal of Production Economics, 2014, 160: 220 - 229.

[112] Aihara K., Suzuki H.. Theory of hybrid dynamical systems and its applications to biological and medical systems [J]. Philosophical Transactions of the Royal Society A: Mathematical, Physical and Engineering Sciences, 2010, 368 (1930): 4893 - 4914.

[113] Holton J. R.. An introduction to dynamic meteorology [J]. International Geophysics, 2012, 41 (5): 752 - 754.

[114] Ma S. P., Goldfarb D., Chen L. F.. Fixed point and bregman iterative methods for matrix rank minimization [J]. Mathematical Programming, 2011, 128 (1 - 2): 321 - 353.

[115] Mclennan A.. Fixed points of parameterized perturbations [J]. Journal of Mathematical Economics, 2014, 55: 186 - 189.

[116] Seydel R.. Practical Bifurcation and Stability Analysis: From Equilibrium to Chaos [J]. Interdisciplinary Applied Mathematics, 1988.

[117] Daafouz J., Riedinger P., Iung C.. Stability analysis and control synthesis for switched systems: a switched lyapunov function approach [J]. IEEE Transactions on Automatic Control, 2002, 47 (11): 1883 - 1887.

[118] Wu G. C. , Baleanu D. . Jacobian matrix algorithm for Lyapunov exponents of the discrete fractional maps [J]. Communications in Nonlinear Science and Numerical Simulation, 2015, 22 (1-3): 95-100.

[119] Angeli D. . A Lyapunov approach to incremental stability properties [J]. IEEE Transactions on Automatic Control, 2002, 47 (3): 410-421.

[120] Li T. Y. , Yorke J. A. . Period three implies chaos [J]. American Mathematical Monthly, 1975, 82 (10): 985-992.

[121] Hunt B. R. , Kennedy J. A. , Li T. Y. , et al. . The Theory of Chaotic Attractors [J]. Springer-Verlag, New York, 2010: x, 514.

[122] Devaney R. L. , Eckmann J. P. . An Introduction to Chaotic Dynamical Systems [J]. Physics Today, 1987, 40 (25): 72.

[123] Banks J. , Brooks J. , Cairns G. , et al. . On Devaney's definition of chaos [J]. The American Mathematical Monthly, 1992, 99 (4): 332-334.

[124] Huang W. , Ye X. D. . Devaney's chaos or 2-scattering implies Li-Yorke's chaos [J]. Topology and Its Applications, 2002, 117 (3): 259-272.

[125] Berger C. S. . A simple sufficient condition for the stability of linear discrete time systems [J]. International Journal of Control, 1982, 35: 1073-1082.

[126] Chen G. R. , Raton B. . Controlling chaos and bifurcations in engineering systems [M]. FL: CRC press, 2000.

[127] Agiza H. N. . On the analysis of stability, bifurcation, chaos and chaos control of kopel map [J]. Chaos, Solitons & Fractals, 1999, 10 (11): 1909-1916.

[128] Ott E. , Grebogi C. , Yorke J. A. . Controlling chaos [J]. Physical Review Letters, 1990, 64 (11): 1196.

[129] Ditto W. L. , Rauseo S. N. , Spano M. L. . Expermental control of chaos [J]. Physical Review Letters, 1990, 65 (26): 3211-3214.

[130] Romeiras F J. , Grebogi C. , Ott E. , et al. . Controlling chaotic dynamical systems [J]. Physical D: Nonlinear Phenomena, 1992, 58 (1-

4): 165 - 192.

[131] Lima R. , Pettini M. . Suppression of Chaos by Resonant parametric perturbations [J]. Physical Review A, 1990, 41: 726 - 728.

[132] Braiman Y. , Goldhirsch I. . Taming chaotic dynamic with weak perturbation [J], Physical Review Letters, 1991, 66 (20): 2545 - 2548.

[133] Hunt E. R. . Stabilizing high - period orbits in chaotic system: the diode resonator [J]. Physical Review Letters, 1991, 67 (15): 1953 - 1955.

[134] Peng B. , Petrov V. , Showalter K. . Controlling chemical chaos [J], Journal of Physical Chemistry, 1991, 95: 4957 - 4963.

[135] Pyragas K. . Continuous control of chaos by self - controlling feedback [J]. Physics Letters A, 1992, (170): 421 - 428.

[136] Pyragas K. . Continuous control of chaos by self - controlling feedback [J]. Physics Letters A, 1992, (170): 421 - 428.

[137] Pyragas K. . Experimental control of chaos by delayed self - controlling feedback [J]. Physics Letters A, 1993, 180 (1 - 2): 99 - 102.

[138] Chen G. . R, Dong X. N. . On the feedback control of chaotic continuous time systems [J]. IEEE Transactions on System, 1993, 40 (9): 591 - 601.

[139] Liu Z. H. , Chen S. G. . Controlling the Standard Map [J]. Physics Letters A, 1997, 232 (7): 55 - 62.

[140] Guemez J. , Matias M. A. . Control of Chaos in Unidimensional Maps [J]. Physics Letters A, 1993, 181 (1): 29 - 32.

[141] Matias M. A. , Guemez J. . Stabilization of Chaos by Proportional Pulses in the System Variables [J]. Physical Review Letters, 1994, 72 (10): 1455 - 1458.

[142] Cournot A. . Researches into the mathematical principles of the theory of wealth [J], Competition Policy International, 2008, 4 (1): 283 - 305.

[143] Bertrnad J. . Review of Theorie Mathematique De La Richesse Sociale and of Recherches Sur Les Principles Mathematiques De La Theorie Des Rich-

esses [J]. Journal des Savants, 1883, 67: 499 - 508.

[144] Li Q. H., Li B.. Dual - channel supply chain equilibrium problems regarding retail services and fairness concerns [J]. Applied Mathematical Modelling, 2016, 40 (15 - 16): 7349 - 7367.

[145] Snyder B. C., Gorder R. A. V, Vajravelu K.. Continuous - time dynamic games for the Cournot adjustment process for competing oligopolists [M]. Elsevier Science Inc. 2013.

[146] Ahmed E., Elsadany A. A., Puu T.. On Bertrand duopoly game with differentiated goods [M]. Elsevier Science Inc. 2015.

[147] Wu R., Gorder R. A. V.. Nonlinear dynamics of discrete time multi - level leader - follower games [J]. Applied Mathematics & Computation, 2018, 320: 240 - 250.

[148] Yu W., Yu Y.. The stability of Bayesian Nash equilibrium of dynamic Cournot duopoly model with asymmetric information [J]. Communications in Nonlinear Science & Numerical Simulation, 2018.

[149] Fay S., Xie J. H.. Probabilistic goods: A creative way of selling products and services [J]. Marketing Science, 2008, 27 (4): 674 - 690.

[150] Fay S., Xie J. H.. The economics of buyer uncertainty: Advance selling vs. probabilistic selling [J]. Marketing Science, 2010, 29 (6): 1040 - 1057.

[151] Ding Z. W., Zhu X. F., Jiang S. M.. Dynamical Cournot game with bounded rationality and time delay for marginal profit [J]. Mathematics and Computers in Simulation, 2014, 100: 1 - 2.

[152] Shi L., Le Y., Sheng Z. H.. Analysis of price stackelberg duopoly game with bounded rationality [J]. Discrete Dynamics in Nature and Society, 2014, doi: 10.1155/2014/428568.

[153] Huang W.. Stabilizing Nonlinear Dynamical Systems by an Adaptive Adjustment Mechanism [J]. Physics Review E (Statistical Physics, Plasmas, Fluids, and Related Interdisciplinary Topics), 2000, 61 (2): 1012 - 1015.

[154] Wu J., Wang S. Y., Chao X. L., et al.. Impact of risk aversion

on optimal decisions in supply contracts [J]. International Journal of Production Economics, 2010, 128 (2): 569 -576.

[155] Caliskan - Demirag O., Chen Y. H.. Customer and retailer rebates under risk aversion [J]. International Journal Production Economics, 2011, 133: 736 -750.

[156] Colombo L, Labrecciosa P.. A note on pricing with risk aversion [J]. European Journal of Operational Research, 2012, 216 (1): 252 -254.

[157] Yoo S. H.. Product quality and return policy in a supply chain under risk aversion of a supplier [J]. International Journal of Production Economics, 2014, 154: 146 -155.

[158] Wei J., Zhao J., Li Y. J.. Pricing decisions for complementary products with firms' different market powers [J]. European Journal of Operational Research, 2013, 224: 507 -519.

[159] Mukhopadhyay S. K., Yue X. H., Zhu X. W.. A Stackelberg model of pricing of complementary goods under information asymmetry [J]. International Journal of Production Economics, 2011, 134: 424 -433.

[160] Howard R. A.. Decision analysis: practice and promise [J]. Management Science, 1988, 34 (6): 679 -695.

[161] Walls M. R.. Combining decision analysis and portfolio management to improve project selection in the exploration and production firm [J]. Journal of Petroleum Science and Engineering, 2004, 44: 55 -65.

[162] Yu W. S., Yu Y.. A dynamic duopoly model with bounded rationality based on constant conjectural variation [J]. Economic Modelling, 2014, 37: 103 -112.

[163] Ding Z. W., Wang Q., Jiang S. M.. Analysis on the dynamics of a Cournot investment game with bounded rationality [J]. Economic Modelling, 2014, 39: 204 -212.

[164] EI - Metwally H. A., Elsadany A. A.. Qualitative study of a bounded rationality duopoly game with exponential demand of function [J]. Utilitas

Mathematica, 2012, 88: 337 -354.

[165] Fay S. A., Xie J. H.. Probabilistic goods: a creative way of selling products and services [J]. Marketing Science, 2008, 27 (4): 674 -690.

[166] Fay S. A., Xie J. H.. The economics of buyer uncertainty: advance selling vs. probabilistic selling [J]. Marketing Science, 2010, 29 (6): 1040 -1057.

[167] Rice D. H., Fay S. A., Xie J. H.. Probabilistic selling vs. markdown selling: Price discrimination and management of demand uncertainty in retailing [J]. International Journal of Research in Marketing, 2014, 31 (2): 147 -155.

[168] Huang T. L., Yu Y. M.. Sell probabilistic goods? A behavioral explanation for opaque selling [J]. Marketing Science, 2014, 33 (5): 743 -759.

[169] Xiao Y. B., Chen J.. Evaluating the potential effects from probabilistic selling of similar products [J]. Naval Research Logistics, 2014, 61 (8): 604 -620.

[170] Cai G. S., Chen Y. J., Wu C. C., et al.. Probabilistic selling, Channel structure, and supplier competition [J]. Decision Science, 2013, 44 (2): 267 -296.

[171] Ding Z. W., Li Q., Ge D. L., et al.. Research on dynamics in a resource extraction game with bounded rationality [J]. Applied Mathematics and Computation, 2014, 236: 628 -634. doi: 10. 1016/j. amc. 2014. 03. 075.

[172] Aviv Y., Pazgal A.. Optimal Pricing of Seasonal Products in the Presence of Forward - Looking Consumers [J], Manufacturing & Service Operations Management, 2008, 10 (3): 339 -359.

[173] Ma J. H., Wang H. W.. Complex Dynamics Analysis for a Cournot - Bertrand Mixed Game Model with Delayed Bounded Rationality [J]. Abstract and Applied Analysis, 2013, doi: 10. 1155/1013/251702.

[174] Elsadany A. A.. Competition analysis of a triopoly game with bounded rationality [J]. Chaos, Solitons & Frctals, 2012, 45: 1343 -1348.

[175] Elsadany A. A.. Dynamics of a delayed duopoly game with bounded rationality [J]. Mathematical and Computer Modelling, 2010, 52: 1479 -1489.

[176] Li X., Qian S. P.. Controlling unstable discrete chaos and hyper-chaos systems [J]. Applied Mathematics, 2013, 4: 1 -6.

[177] Cachon G. P.. Supply chain coordination with contracts [EB/OL]. http://opim. wharton. upenn. Edu/ ~cachon.

[178] Zhang R., Liu B., Wang W. L.. Pricing decisions in a dual channels system with different power structures [J]. Economics Modelling, 2012, 29 (2), 523 -533.

[179] Ma L. D., Zhang R., Guo S. D., et al.. Pricing decisions and strategies selection of dominant manufacturer in dual - channel supply chain [J]. Economic Modelling, 2012, 29: 2558 -2565.

[180] Liu B., Cai G. S., Tsay A. A.. Advertising in asymmetric competing supply chains [J]. Production and Operations Management, 2014, 23 (11): 1845 -1858.

[181] Karray S., Amin S. H.. Cooperative advertising in a supply chain with retail competition [J]. International Journal of Production Research, 2015, 53 (1): 88 -105.

[182] Giri B. C., Sharma S.. Manufacturer's pricing strategy in a two - level supply chain with competing retailers and advertising cost dependent demand [J]. Economic Modelling, 2014, 38: 102 -111.

[183] Wu C. H., Chen C. W., Hsieh C. C.. Competitive pricing decisions in a two - echelon supply chain with horizontal and vertical competition [J]. International Journal Production Economics, 2012, 135 (1): 265 -274.

[184] Zhang J., Xie J.. A game theoretical study of cooperative advertising with multiple retailers in a distribution channel [J]. Journal Systems Science and Systems Engineering, 2012, 21 (1): 37 -55.

[185] Pyragas K.. Continuous control of chaos by self - controlling feed-

back [J]. Physics Letter A, 1992, 170 (6): 421 - 428.

[186] Wei Y. C., et al.. On the stability and bullwhip effect of a production and inventory control system [J]. International Journal of Production Research, 2013, 51, 154 - 171.

[187] Croson R., Donohue K., Katok E., et al.. Order Stability in Supply Chains: Coordination Risk and the Role of Coordination Stock [J]. Social Science Electronic Publishing, 2014, 23 (2): 176 - 196.

[188] Lee H. L., Padmanabhan V., Whang S.. Information Distortion in a Supply Chain: The Bullwhip Effect [J]. Management Science, 1997, 43 (4): 546 - 558.

[189] Hwarng H. B., Xie N.. Understanding supply chain dynamics: A chaos perspective [J]. European Journal of Operational Research, 2008, 184 (3): 1163 - 1178.

[190] Hwarng H. B., Yuan X.. Interpreting supply chain dynamics: A quasi - chaos perspective [J]. European Journal of Operational Research, 2014, 233 (3): 566 - 579.

[191] Aust G.. Cooperative Advertising Models in Supply Chain Management: A Review [M] // Vertical Cooperative Advertising in Supply Chain Management. Springer International Publishing, 2015: 1 - 14.

[192] Levin R. I.. Production/operations management: contemporary policy for managing operating systems [M]. Tata McGraw - Hill, 1974.

[193] Koschat M. A.. Store inventory can, affect demand: Empirical evidence from magazine retailing [J]. Journal of Retailing, 2008, 84 (2): 165 - 179.

[194] Porrasa E.. An inventory control system for spare parts at a refinery: An empirical comparison of different re - order point methods [J]. European Journal of Operational Research, 2008, 184 (1): 101 - 132.

[195] Nenes G.. Inventory management of multiple items with irregular demand: A case study [J]. European Journal of Operational Research, 2010,

205 (2): 313 -324.

[196] Soni H. , Shah N. H. . Ordering policy for stock - dependent demand rate under progressive payment scheme [J]. Internation Journal of Systems Science, 2009, 40, 81 -89.

[197] Wang H. , Liu H. , Yang J. B. . Dynamic analysis of a two - stage supply chain - a switched system theory approach [J]. International Journal of Advanced Manufacturing Technology, 2009, 43 (1 -2): 200 -210.

[198] Wei Y. , Wang. H. , Qi C. . The impact of stock - dependent demand on supply chain dynamics [J]. Applied Mathematical Modelling, 2013, 37 (18 -19): 8348 -8362.

[199] Wen X. , Zhan J. , Hu Q. . Dynamic pricing and capacity allocation policies with price - sensitive and stock - dependent demand [J]. Pacific Journal of Optimization, 2012, 8 (3): 545 -563.

[200] Sterman J. D. . Modeling Managerial Behavior: Misperceptions of Feedback in a Dynamic Decision Making Experiment [J]. Working Papers, 1989, 35 (3): 321 -339.

[201] Hai L. , Antsaklis P. J. . Stability and Stabilizability of Switched Linear Systems: A Survey of Recent Results [J]. IEEE Transactions on Automatic Control, 2009, 54 (2): 308 -322.

[202] Kai H. , Bradley J. R. , Thonemanna U. W. . Analyzing the effect of the inventory policy on order and inventory variability with linear control theory [J]. European Journal of Operational Research, 2007, 176 (3): 1620 -1642.

[203] Boyd S. P. , El - Ghaoui L. , Feron E. , et al. . Linear matrix inequalities in system and control theory [J]. Studies in Applied Mathematics, 1994, 85 (5): 798 -799.

[204] Diks C. , Hommes C. , Panchenko V. , et al. . E&F Chaos: A User Friendly Software Package for Nonlinear Economic Dynamics [J]. Computational Economics, 2008, 32 (1 -2): 221 -244.

索　引

B

倍周期分岔道路 ………………… 027

补货策略 ………………………… 009

不确定性需求 …………………… 050

C

参数盆域 ………………………… 169

参数适应控制法 ………………… 069

产量博弈 ………………………… 006

产量调整速度 …………………… 052

传统销售 ………………………… 015

D

订货政策 ………………………… 010

动力系统 ………………………… 007

动态仿真 ………………………… 164

E

二维分岔图 ……………………… 067

F

非线性反馈控制法 ……………… 175

分岔 ……………………………… 006

风险规避行为 …………………… 003

复杂性 …………………………… 004

G

概率产品 ………………………… 015

概率销售 ………………………… 014

广告投入 ………………………… 004

H

Hopf 分岔 ……………………… 006

混沌控制 ………………………… 007

混沌特征 ………………………… 010

J

价格博弈 ………………………… 007

价格调整速度 …………………… 079

价格折扣 ………………………… 112

均衡点 …………………………… 005

L

李雅普诺夫指数 ………………… 008

利润 ……………………………… 004

N

纳什均衡 ………………………… 005

R

茹厄勒－塔根司（Ruelle－Takens）道路 …… 027

S

时间序列 …… 010

双渠道供应链 …… 010

T

特征方程 …… 030

特征值 …… 030

W

稳定性 …… 004

稳定域 …… 008

X

吸引子 …… 015

线性切换系统 …… 160

需求依赖库存 …… 010

Y

延迟反馈控制 …… 015

有限理性预期 …… 007

Z

阵发性道路 …… 027

致　谢

时光荏苒，转瞬即逝。时间过得真快，2012 年去天津大学报到的情景，仿佛就在昨天。可理智告诉我，时间已经过去多年。

回想多年前的博士时光，我是在兴奋、激动、彷徨、期盼中度过。三年的博士生活，虽有压力但很快乐。因为是工作五年后重新回到校园学习，我倍加珍惜难得的学习机会。每天早上 8 点准时到达实验室，晚上 10 点拖着疲惫的身体回到家中。曾经因为论文一再被拒而彻夜难眠；曾经因收到第一份论文录用通知书而激动得泪流满面。值书稿即将出版之际，不禁感慨万分。正所谓“在痛苦与希望中挣扎，在回忆与想象中思念！在鄙视与嘲笑中看我，终将在徘徊与等待中度过”。蓦然回首，我不但学会了很多，更体会到了奋斗的价值和意义！

在马军海教授的耐心、精心指导和培养下，我不断成长。时至今日，内心仍充满感动与感激！

感动的是在马老师的鼓励与鞭策下不断成长，感激的是马老师为我博士论文的选题、开题、讨论、撰写、修改及定稿的每个环节，都倾注了大量心血！是老师的关怀和教诲，我才能顺利完成论文的写作；是老师孜孜不倦的工作作风、敏锐的洞察力、渊博的知识、严谨治学的态度一次次教育了我。教会我如何学习、工作和做人！忘不了他平易近人的待人之道；忘不了他虚怀若谷的大师风范！

在此，我衷心地祝福马老师工作顺利，身体健康，万事如意！

感谢天津大学给我提供学习和深造的平台！感谢天津大学管理与经济学部全体教师和工作人员为我的学习生活创造了良好氛围！感谢马老

师团队的每一个人，难忘与他们一起度过的美好时光。尤其要感谢张芳、马小刚、任文博、邸伟亚、郭战兵、娄万东、暴斌硕、殷月澄等同门师兄妹在科研工作中给予的指导和帮助，使我受益匪浅。

感谢我的爱人，感谢他给我的鼓励、理解、支持和爱。是他的博大与厚爱为我筑起了爱的港湾，让我在求学道路上幸福前行！感谢我可爱的儿子，是他健康茁壮地成长，是他幸福、快乐的笑声给了我前进的动力，让我体会到母爱的伟大！

感谢所有参考文献的作者，感谢审稿专家。在此道一声，谢谢！

谨将此书献给所有曾经给予我帮助和鼓励的人！

李秋香

2018 年 5 月